中国省以下税收分成的经济效应研究

李霞◎著

Research on the Economic Effects of Sub-Provincial Tax Sharing in China

中国经济出版社
CHINA ECONOMIC PUBLISHING HOUSE
北京

图书在版编目（CIP）数据

中国省以下税收分成的经济效应研究 / 李霞著 . 北京：中国经济出版社，2024. 9. -- ISBN 978-7-5136-7895-7

Ⅰ. F812. 7

中国国家版本馆 CIP 数据核字第 2024826C7X 号

策划编辑 姜 静
责任编辑 郑 潇
责任印制 马小宾
封面设计 任燕飞工作室

出版发行 中国经济出版社
印 刷 者 北京建宏印刷有限公司
经 销 者 各地新华书店
开 本 710mm × 1000mm 1/16
印 张 9.25
字 数 150 千字
版 次 2024 年 9 月第 1 版
印 次 2024 年 9 月第 1 次
定 价 88.00 元
广告经营许可证 京西工商广字第 8179 号

中国经济出版社 **网址** http://epc.sinopec.com/epc/ **社址** 北京市东城区安定门外大街 58 号 **邮编** 100011
本版图书如存在印装质量问题，请与本社发行中心联系调换（联系电话：010-57512564）

序

分税制改革是促进中国经济高速增长的重要制度因素。党的二十届三中全会提出，建立权责清晰、财力协调、区域均衡的中央和地方财政关系。以税收分成为主的分税是政府间财力财权分配的核心内容，其收入划分关系直接影响政府运行效率和经济社会公平。分税制改革虽明确了中央与地方的财政分配关系，但未对省以下财政分配关系做出统一调整。目前，增值税在中央与地方分享比例为50：50，企业所得税、个人所得税在中央与地方分享比例均为60：40。由此，各省份参照中央与地方的税收分成制度安排，各自调整省内各级政府间税收收入关系。从各省历次省以下财政体制改革来看，省以下政府间的收入划分形式多种多样，存在明显区域异质性、时间变异性。可见，分税制改革通过重塑中央政府与地方财政收入分配关系，间接作用于省以下政府间税收关系划分，省以下不同税收分成关系将产生不同财政激励，从而影响基层政府行为选择，进而可能影响辖区内经济发展方式、产业行业结构、企业相关行为等。

为此，本书选取省以下税收分成与地级市政府行为作为研究对象，系统地从宏观层面、中观层面、微观层面三大维度探讨增值税分成、营业税分成、企业所得税分成对地方经济增长、工业行业发展、企业创新的经济效应，以期更好地分析和了解中国地级市政府行为选择背后的制度诱因，为健全和完善省以下政府间税收收入分配制度提供重要参考。需要说明的是，本文讨论的重要税种有其各自改革时间特点，自1994年分税制改革以来，企业所得税主要涉及2002年所得税改革、2008年内外资统一的企业所得税改革，营业税、增值税主要涉及2012年“营改增”试点、2016年全面“营改增”，特别是2016年以后的样本数量存在较大差异，可能对主要税种税收分成影响较大，因此考虑到数据连贯性、各税种改革重要时间节点以及实证结果的可靠性、可比性，本文选择2000—2016年数据来开展研究，也符合采用历史数据推演未来发展趋势要求，对当下及未来省以下财政体制改革提供一定参考。

一是从主要税种分成测算来看，重点讨论地市级政府、县级政府的税收分成比例指标，并结合当前省以下税收分成实际情况，采用数值测算法对增值税分成、营业税分成、企业所得税分成等进行相关测算和特征事实分析，得出税收分成在地市级政府的收入分配情况和分税种分成情况。同时，从税收分成比例的平均趋势角度，探究增值税分成、营业税分成、企业所得税分成在各级政府间的平均分布趋势。此外，运用文件提取法对数值测算法的结果进行了进一步验证。

二是从宏观层面来看，通过分析税收分成与经济增长的理论逻辑和作用机制，实证检验地级市政府的增值税分成、营业税分成、企业所得税分成激励对地方经济增长的宏观效应。研究发现，税收分成对地方经济增长有显著正向影响，说明地市级政府税收分成比例提高，有助于促进当地经济增长。在采取更换样本期、剔除省会城市、工具变量法等进行一系列稳健性检验后，这一结论依然成立，表明税收分成对地方经济增长的促进作用是稳健的。同时，通过中介效应检验发现，税收分成激励地方政府通过经济性支出、社会性支出等不同财政支出行为，进一步影响地方经济增长。

三是从中观层面来看，通过整理匹配中国工业企业数据库的相关数据，探讨税收分成对工业行业发展的理论逻辑和作用机制，实证检验地级市政府增值税分成、营业税分成、企业所得税分成对工业行业发展的中观效应。研究发现，增值税分成、营业税分成、企业所得税分成改革使得地方政府发展工业经济的财政收益提高，由此产生的财政激励有利于促进地方工业行业发展。这一结论通过了更换被解释变量、调整样本时间等稳健性检验，表明增值税分成、营业税分成、企业所得税分成对地方工业行业发展促进作用是稳健的。同时，发现税收分成激励地方政府通过财税金融、土地出让等相关政策，引进新的企业、支持现有企业扩大规模，进而促进当地工业行业发展，即通过引入效应、支持效应促进当地工业行业规模扩大。此外，面对东、中部不同地区和不同行业结构，税收分成变化对工业行业发展的影响也具有异质性。

四是从微观层面来看，以2016年增值税分成改革作为地方财政激励变化的外生冲击事件，使用“营改增”实施前两年即2014年和2015年企业缴纳增值税占地区增值税收入份额的均值对所有企业进行分组，构建双重差分模型（DID），实证检验增值税分成对企业创新的微观效应。研究发现，增值税分成改革使得地方政府发展经济的财政收益提高，由此产生的财政激励有助于促进企业创新。这一结论通过了平行趋势检验、稳健性检验，表明增值税分成改革对企业创新促进作用是稳健的。同时也发现，税收分成激励地方政府通过支持企业加大研发支出，融资支持等方式，促进地方企业创新。此外，异质性分析发现，增值税分成改革对技术密集型企业、财政自给率较高地区的企业影响更明显。

综上所述，通过从宏观层面、中观层面、微观层面三大维度，系统性地探讨省以下税收分成对地方经济增长、工业行业发展、企业创新的影响效应，发现以上均具有明显的正向促进作用。为此，在统筹高质量发展与高水平安全的新形势下，亟须完善以税收分成关系为主的省以下财政体制改革，鼓励和引导地方政府摆脱传统经济增长方式、生产力发展路径，以科技创新引领现代化产业体系建设，因地制宜培育发展新质生产力。但由于学识有限、时间仓促，本书研究还不够深入，书中也一定存在诸多不妥之处，敬请读者批评指正。此外，本书的研究和出版得到了有关专家学者与领导的智力支持，也得益于中国经济出版社编审人员的不懈努力，在此致以诚挚的谢意。

编　者

2024年9月于重庆

目 录

第 1 章　税收分成：制度背景与理论基础

1.1　研究背景与研究意义

1.1.1　研究背景

1994年的分税制改革是我国财税改革进程中的一个重要里程碑。以分成为主的分税制是中国经济高速增长的重要制度因素。税收分成制度是政府间财政关系制度的组成部分，进一步深化省以下财政体制改革，理顺省以下政府间收入划分关系，对于建立健全科学的财税体制、优化资源配置、维护市场统一、促进社会公平、实现国家长治久安具有重要作用。长期以来，国家高度重视以税收分成为重要内容的省以下财政体制改革。2016年8月，《国务院关于推进中央与地方财政事权和支出责任划分改革的指导意见》（国发〔2016〕49号）发布，提出适度加强中央的财政事权，保障和督促地方履行财政事权，减少央地共同财政事权，并要求加快省以下财政权责划分改革。2022年3月，《中共中央、国务院关于加快建设全国统一大市场的意见》发布，要求加快建设高效规范、公平竞争、充分开放的全国统一大市场，而推动省以下财政体制改革、破除地方保护和区域壁垒、形成区域财力均衡局面是推动全国统一大市场破除体制障碍的重要切入点。2022年4月，习近平总书记主持召开中央全面深化改革委员会第二十五次会议，审议通过《国务院办公厅关于进一步推进省以下财政体制改革工作的指导意见》。会议强调界定省以下财政事权和支出责任，理顺省以下政府间收入关系，建立健全省以下财政体制调整机制，规范省以下财政管理。2023年12月，中央经济工作会议明确提出，要谋划进一步全面深化改革重大措施，谋划新一轮财税体制改革。

同时，可以看到，1994年的分税制改革逐步理顺了中央和地方的税收分成关系，并形成了财政收入层层集中、财政支出层层下沉，借助转移支付解决纵向失衡的分权模式，但省以下各级政府间收入分配不合理问题仍长期存在。特别是，在当前经济下行、土地市场遇冷、严控地方债务等多重压力下，基层财政收支矛盾问题日益突出。2022年，全国近九成（27个）省份财政平衡率较上年回落；上海、北京、广东、天津、浙江、江苏、山西、山东、福建、陕西等10个省份财政自给率高于全国地方政府平均数（48.36%），云南、宁夏、广西、西藏、吉林、甘肃、黑龙江、青海等8个省份财政自给率较低（均在30%以下）。此外，持续增长的刚性支出、土地收入下滑等因素都在逐渐收缩地方政府的财政空间，地方财政持续收不抵支、财政缺口快速扩大，地方可支配财力难以满足支出需求。2022年，仅山西、内蒙古、陕西、新疆4个资源型地区的收入增速高于支出增速，其余地区累计支出增速均高于收入增速；除天津外的30个省份财政赤字不断扩大，均达到历年同期最高值，其中，20个省份财政赤字增速超出10%。

税收分成是政府间财力财权分配的核心内容，其收入划分直接影响政府运行效率和经济社会公平。分税制改革后，中央政府与地方政府的财政分配关系得以明确划分，但未对省以下财政分配关系做出统一调整。中国分税制呈现工资合同、定额合同、分税合同、分成合同等基本形式，本质上来看属于弹性分成合同系统，能够激励地方政府发展经济或扭曲地方政府行为（吕冰洋、聂辉华，2014）。从2016年5月起，增值税在中央与地方分享比例为50∶50，企业所得税、个人所得税在中央与地方分享比例均为60∶40。由此，各省份参照中央与地方的税收分成制度安排，调整省内各级政府间税收收入关系。从各省份历次省以下财政体制改革来看，省以下政府间的收入划分形式多种多样，存在明显区域异质性、时间变异性。例如，广东的省级财政集权较为明显，广东（不含深圳）的增值税在中央、省级、市县之间按照50∶25∶25比例分成，企业所得税和个人所得税按照60∶20∶20比例分成，而浙江（不含宁波）的增值税在中央、省级、市县之间基本按照50∶0∶50分成，企业所得税和个人所得税按照60∶0∶40分成，可见浙江更多地放权给下级政府以促进县域经济自身发展。

财政是国家治理的基础和重要支柱。深化省以下财政体制改革，敢于打破体制机制桎梏，有效激发制度红利，增强内生发展动力，是地方政府推进财政治理体系和治理能力现代化的重要内容。作为分税制核心的税收分配关系制度，通过收入划分直接影响地方政府行为选择，也是处理好政府间财权与支出责任划分和政府、市场、社会互动关系的关键构件，在一定程度上从宏观层面、中观层面、微观层面系统作用于地方经济发展路径和结构特征（吕冰洋等,2016；谢贞发等,2019；李建军等,2021；宋丽颖等,2022）。为此，有必要基于中国地市县级政府税收弹性分成的典型事实，结合地方政府行为特征，从理论和经验层面研究省以下税收分成的经济影响效应。

可以看出，探讨税收分成的经济效应可能是一个较为宏观的场景，涉及经济增长、产业结构、投资、消费、进出口、创新等方方面面。参考国内外现有研究文献，结合新时代省以下税收分成制度改革方向，考虑数据可得性、科学性和有效性，本书拟从地级市政府层面研究税收分成与经济增长、税收分成与工业行业发展、税收分成与企业创新等宏观层面、中观层面、微观层面相结合的三维视角，探讨其理论逻辑、作用机理和影响效果，厘清省以下税收分成制度的理论和实证层面认知，为进一步深化省以下财政体制改革、推动财政治理体系和治理能力现代化提供经验支持与理论支撑。

1.1.2 研究目的

分税制是推动中国经济高速增长的重要因素。分税制规定的央地政府间税收分成，有利于政府间财政激励的纵向一致性和兼容性，如地方政府努力扩大增值税征税范围的同时，对中央和地方政府增加了财政收入。分税制改革驱动地方政府为增加财政收入最大化进行逐底竞争，可能带来重复投资、恶性竞争，不利于经济持续健康发展（韦森，2017）。总的来说，分税制改革对中国经济增长起到重要的正向促进作用，同时政府间财权和事权的不匹配，也给中国经济增长带来许多隐患和困局，可能会影响中国经济的长期稳定增长。特别是，当前中国经济已转向高质量发展阶段，正处于转变经济发展方式、优化经济结构、转换增长动力的关键时期，更需要与之相匹配的财政体制。研究以税收分成为主的财政体制改革如何优化政府间激励机制，更好地推动地方经济高质量发展，是重要的和必要的。为此，在新时代背景下，我们要提出以下几个问题。

第一，税收分成制度是否促进了地方经济高质量发展，如果存在这种作用，那么这种作用又是通过何种方式产生的。

第二，税收分成激励对地方经济有什么样的影响，以及不同维度的地方增长对税收分成变动有何差异，亟须从理论逻辑和实证检验上进一步验证。

第三，从经济学理论和体系出发，地方经济运行和发展一般呈现宏观层面影响、中观层面影响、微观层面影响，同样为了更加系统、全面地探究税收分成对地方经济的影响效应，本书选择从宏观层面、中观层面、微观层面不同维度考察税收分成的经济效应。

第四，研究地方经济一般涵盖经济增长、产业结构、科技创新等重点领域，特别是，近年来，科技创新被摆到更加重要的位置，如2024年中央经济工作会议强调“以科技创新推动产业创新”“因地制宜培育发展新质生产力”。同时，为了更好地探究税收分成对地方经济的影响效应，本书选择从地方经济增长、工业行业发展、企业创新等重点领域考察税收分成的经济效应。总的来看，研究税收分成对地方经济的影响效应，应当是多维度、多层次、多领域的。为此，本书研究税收分成经济效应重点围绕宏观层面的经济增长、中观层面的工业行业发展、微观层面的企业创新，更好地从理论和实证层面探究增值税分成、营业税分成、企业所得税分成对地方经济的影响，为进一步完善中国省以下财政体制改革、促进经济高质量发展提供一定参考。

1.1.3 研究意义

2024年是中国分税制改革30周年，新一轮财税体制改革如何划分省以下政府间税收分成关系是值得重点研究的。加快建立现代财政制度，建立权责清晰、财力协调、区域均衡的政府间财政关系，是党的十九大以来深化财税体制改革的重要任务。2023年12月，中央经济工作会议提出，积极的财政政策要适度加力、提质增效，谋划新一轮财税体制改革。税收制度是国家财政制度的重要组成部分，完善税收制度是推动地方高质量发展、推进中国式现代化的重要保障。政府间税收收入关系划分是完善税收制度的核心内容，也是建立现代财政制度的基础支撑。纵观改革开放以来中国财政体制改革历程，其主导逻辑重点聚焦政府间收入划分关系，特别是，收入划分呈现对税收分成制度的路径依赖和路径锁定（汪彤，2022）。分税制改革对中央与地方的收入划分做了明确安排，但省以下税收收入划分缺乏统一调整，各省份根据本省实际情况做出规定。税收分成制度作为省以下财政体制改革的核心内容，面临着一些长期矛盾和问题，新时期税收分成如何作用和影响地方发展还存在一些亟待完善的地方。然而，现有文献关于税收分成对经济增长、工业行业发展、企业创新等领域的研究还未特别深入，特别是未系统地从宏观、中观、微观的三维视角开展。为此，厘清省以下税收分成的典型事实特征、识别并实证检验其作用机理和影响效果，对深化省以下财政体制改革具有重要的理论价值和现实意义。

1.1.3.1　理论意义

一是进一步深化和丰富税收分成视角下财政激励理论。本书以地方政府推动经济增长、工业行业发展、企业创新为切入视角，深入探究增值税、营业税、企业所得税等重要税收分成的经济影响效应，统筹考虑税收分成对地方的财政激励、辖区内可控的重要工具手段，以期更好地理解税收分成对经济增长、工业行业发展、企业创新的作用机理和影响路径。中国是典型的大国财政国家，对其财政税收制度进行的研究具有国际代表性需求价值，特别是对其中税收分成的经济效应问题进行规范性研究，将有助于增加来自中国财政改革体制实践的改革成果、完善税收分成视角下的财政激励理论，为国际学术界对相关问题的研究提供一定支撑。此外，研究以省以下税收分成为主的财政体制改革，有助于丰富中国财政体制改革成果，为进一步丰富财政分权、财政激励理论提供重要的研究范本。

二是进一步丰富和补充上下级政府间委托代理理论。本书以省以下政府间税收收入关系划分为重要突破口，刻画在税收分成激励下，各级政府的不同行为选择及其带来的影响效应，特别是上级政府委托下级政府在辖区内行使职能职责，作为代理人的下级政府面临不同税收分成激励的行为选择探讨。现有不少相关文献探讨了税收分成的作用机理和经验证据，遗憾的是，从宏观、中观、微观等不同维度系统性地研究税收分成的经济影响效应还有待完善，而这正是本书的研究切入点。本书从地级市层面研究税收分成对经济增长、工业行业发展、企业创新的逻辑机理和作用机制，实证检验了省以下税收分成的经济效应，结果发现，增值税、营业税、企业所得税分成激励会促进地方经济发展、工业行业规模扩大，“营改增”政策冲击促使企业加大创新投入和产出，有助于更好地理解税收分成激励对政府行为的影响及其制度诱因，也由此丰富和补充了上下级政府间的委托代理理论。

三是对中国省以下财政体制改革具有重要的理论参考价值。本书基于1994年分税制改革后政府间税收分配实践，探讨税收分配关系调整对省以下地方政府决策行为及其经济效应的影响。通过理论分析、作用机制和实证检验发现，不同税收分成制度安排对政府间行为反应和地方经济增长、工业行业发展、企业创新等产生不同影响。但是，当前学术界对省以下税收分成的经济效应研究比较零散，缺乏系统、科学、完整的理论框架构建和逻辑机理分析。为此，从分税制改革以来的实践来看，税收分成制度成为政府间财政分配关系的核心要素。相较于明确的央地政府间税收划分关系，省以下政府间税收分成制度和财力分配关系更加符合当前基层财政压力较大、基层政府是推动地方发展最重要力量的实际情况，正是当前及未来的研究重点之一。

1.1.3.2 现实意义

一是有助于完善省以下政府间收入划分关系。党的二十大报告提出，要健全现代预算制度，优化税制结构，完善财政转移支付体系。当前，地方主体税种缺失，特别是“营改增”全面推广以来，地方财权与事权不匹配，财政收支矛盾更加凸显，完善省以下政府间收入划分关系是当前重要关注焦点之一。为此，省以下政府间税收分配关系重构，并不是中央与地方财政分配关系的一个简单复制，而是要结合地方实际情况，兼顾地区间差异性和多样性，进一步深化省以下税收分成制度改革，合理划分政府间财权、事权和支出责任，这显然是当前及未来研究的重点内容之一。因此，本书研究省以下税收分成改革，对政府间财政分配关系贡献一定学术价值，有利于支撑和服务中国财政体制改革实践。

二是有助于为新时代推进省以下税收分成制度改革提供实践支撑。纵观分税制改革30年来的中国财政体制改革历程和实践，以分成为主的政府间财政分配关系是重中之重，特别是税收分成激励对地方政府推动辖区经济发展起到重要作用。本书在厘清税收分成与经济增长、税收分成与工业行业发展、税收分成与企业创新的理论逻辑和作用机理基础上，通过DID、固定效应模型和中介效应模型等，实证检验省以下税收分成激励地方行为选择及其带来的经济效应。为此，本书在理论和实证分析基础上，提出相关可操作性的政策建议，以期为财政体制改革提供实践支撑。

1.2　制度改革与发展历程

1.2.1　中央与地方的财政分配关系

我国中央与地方的财政分配关系大致可以划分为以下三个阶段。

1.2.1.1 "统收统支、高度集中"阶段（1949—1978年）

中华人民共和国成立之初，为适应当时的经济状况和社会需求，中国推行了一个以"统收统支、高度集中"为主要特征的财政体制，在平衡财政收支、稳定物价、恢复经济等方面发挥了重要作用，缓解了百废待兴和国家财力薄弱之间的矛盾（吕冰洋、台航，2018）。"统收统支"财政管理体制呈现出财权高度向中央集中的特征，地方政府主要处于被动从属地位，严重缺乏主观能动性，如何调动地方积极性成为关注焦点之一。与此相适应，国家开始探索财政分权、适度管理的一些举措，出现了放权、收权的反复更迭，总体上呈现出以财政高度集权为主、集分交替和变动频繁的基本特征，但该阶段国家财政体制高度集中的特点并没有发生变化。

一是财政管理体制呈现高度集中的特征（1950年）。1949年，中华人民共和国成立初期，面对诸多挑战。据统计，当时全国财政收入仅等同于151.5亿公斤小米，面临132亿公斤小米的财政赤字，同时十三大城市的批发物价指数自1948年末起飙升超过50倍。中央政府为了促进国民经济的恢复与发展，迫切需要采取统一的财政管理措施。1950年，随着政务院《关于统一国家财政经济工作的决定》的颁布实施，我国高度集中统一的财政管理体制初见雏形。其主要内容为，由中央政府统一管理全国财政经济工作。中央政府高度集中了财政权力，实现了全国财政收入的统一分配、物资调度的全国一体化，以及现金管理的全面统一，财政收支制度、税收制度等均属于中央权限。具体来看，"统收统支"财政体制涉及所有地方政府必须将其管辖区域内产生的全部财政收入，分级递交至中央政府。对于地方的财政需求，则由中央政府负责分级分配资金。财政年度结束时，任何结余财政资金上缴中央统一支配。可见，高度集中的"统收统支"财政体制是将中央政府作为核心中枢，全国绝大部分财政收入逐级上缴中央政府，同时地方政府需要的财政支出由中央逐级向下拨款。综上所述，高度集中的"统收统支"财政体制在发挥积极作用的同时，也存在降低财政资金使用效率、影响地方积极性等明显弊端。

二是财政管理体制呈现集中统一与适度分级相结合的特征（1951—1960年）。1951年，随着国家财政经济状况的改善，一系列问题开始显现，如财政管理过度集中、地方财政灵活性不足、资金调配效率低下等。同年3月，政务院颁布了《关于1951年度财政收支系统划分的决定》，该决定调整了之前高度集中的财政收支体制，采取了在中央统一领导下进行分级管理的初步措施，旨在加强全国财政统一管理的同时更好地适应地方经济发展的需要，充分调动各方面的积极性。1951—1956年，中国财政体制改革由实行财政收支划分逐步转变为总额控制，呈现保持中央统一领导和管理下，地方财政管理权限逐步扩大的特点。1958年，为了赋予地方更多的财政管理权限，中央对地方实施了"以收定支，五年不变"的财政管理制度，旨在在确保国家建设的同时，适度提高地方财政的机动财力。1959年，财政体制改革通过以年度为单位核定各省份的政府预算、收入留存比例等，推动国民经济发展计划与财政预算指标有效衔接，以应对"五年不变"财政管理实施中的挑战和困难，优化各级政府间的财力分配，这就是"总额分成，一年一变"的财政管理体制。

三是该时期财政管理体制呈现加强集中统一的特征（1961—1965年）。1961年，中共中央提出了“调整、巩固、充实、提高”的八字方针，强调在统一政策、计划和制度下，对人力、物力和财力进行统一调配。在此背景下，为适应国民经济发展需要，纠正和改变财权分散于地方的问题，亟须将原来下放给地方政府、地方企业（归国务院有关部委管理）的权力基本上收回来，提出推动财政管理向分级管理改革转变，主要财政职责被赋予并集中于中央、大区及省（自治区、直辖市）三级政府。

四是该时期财政管理体制呈现特殊突变的特征（1966—1976年）。在十年动乱的特殊时期，由于不可控的因素影响，国民经济和财政管理体制遭受了重大冲击，错误地过度分散了经济管理和财政权限，对地方采取了过多的放权政策。由于这一时期政治不稳定、经济预期形势不好，中央为了应对这一时期存在的突出问题，采纳了多种临时性的过渡措施，如从1977年起，企业归属关系经调整优化，部分财政、税务和物资管理权力被中央收回。

综合来看，在“统收统支”财政体制改革阶段，除极少部分的地方财政收入之外，绝大部分的地方财政收入要统一上缴中央，中央再根据地方需要的支出从中央财政中对地方进行拨款。其间，国家的财政预算收支管理和财权财力配置全部属于中央权力范围，中央政府居于绝对主导地位，地方政府居于从属被动地位。同时，在“统收统支”财政体制运行的过程中，一些弊端也随之产生，典型如税权向中央的过分集中会显著抑制地方政府发展经济与组织财政收入的努力程度（吕冰洋等，2018）。

1.2.1.2 “财政包干，放权让利”阶段（1979—1993年）

1978年召开的党的十一届三中全会，做出了开启改革开放的宏伟战略决策。在此背景下，为解决中央对地方及企业控制过严的问题，通过“放权让利”充分激发和调动各方面积极性，实施“利改税”和“财政包干”制改革，扩大了地方政府和企业的财权财力。这些措施虽然有效增强了企业的经济实力和地方政府的财政能力，但导致了财政分配结构上的问题，即出现了“两个比重”——国家财政收入占国内生产总值（GDP）比重、中央财政收入占全国财政收入比重持续下降的问题，直接影响了中央政府在宏观经济调控上的能力。

一是实行“划分收支，分级包干”的财政体制（1979—1984年）。1979年，我国推行以“利改税”为核心的工商税制全面改革。自1980年以来，中国实施了“分灶吃饭”的财政体制改革，主要目的是清晰划分中央和地方的财政收支界限。这一改革在收入方面采用了基于收入类型的分类分成机制，在支出方面则根据单位的行政隶属关系进行分配。从划分的收支范围来看，核定调剂收入分成比例、地方上缴比例、中央定额补助等收支指标，原则上五年不变。中央政府主导收支总额核定，分别依据不同省份的具体情况由地方包干上缴收入或中央差额补贴，地方财政在划定的收支范围内自行组织收入，多收可多支，少收则少支，自求收支平衡。这种“分灶吃饭”的财政体制标志着我国财政体制从集中管理向分散管理、从国家建设型财政向公共财政的转型，是一种具有过渡性质和逐步推进特征的改革尝试。

二是实行“划分税种、核定收支、分级包干”财政体制（1985—1987年）。1984年，随着第二步“利改税”改革全面完成，中国财政收入由利税并重转向以税收为主，中央与地方、企业之间的分配关系发生了较大变化。在此背景下，1985年，中央政府与地方政府基本按照“利改税”后的税种重新划分中央与地方收入，财政收入分为中央财政固定收入、地方财政固定收入、中央和地方共享收入三类。

三是实行中央、地方大包干财政体制（1987—1993年）。在“划分税种、核定收支、分级包干”财政制度的执行阶段，财政运行遭遇了新的挑战，导致国家财政收入占GDP比重、中央财政收入占全国财政收入的比重失调，直接影响了中央政府的宏观经济调控能力。在此背景下，1988年，《国务院关于地方实行财政包干办法的决定》发布，明确提出除广州、西安的财政关系仍分别与广东、陕西对口联系外，对其余37个地区分别实行不同形式的包干办法，主要包括收入递增包干、总额分成、总额分成加增长分成、上解额递增包干、定额上解、定额补助等。

综合来看，中国实行的“财政包干”“分灶吃饭”财政体制，打破了过去"统收统支"或"统支不统收"、"吃大锅饭"的局面，充分发挥了中央和地方两个积极性。特别是，各级政府间财力的分配由以"条条为主"为主转向以"块块为主"，极大地拓展了地方的财政权限，有利于因地制宜地发展地方生产建设事业，为日后地方财政成为独立的一级财政和财政预算的统筹安排奠定了基础（刘尚希等，2018）。同时，可以看到，随着市场在资源配置中的作用不断扩大，"财政包干"财政体制弊端日益明显，可能会使税收调节功能弱化，地方过度追求本地区经济增长，造成地方保护主义和市场分割现象突出，影响统一市场的形成和产业结构的优化；国家财力偏于分散，制约财政收入合理增长，特别是"两个比重"的降低，弱化了中央政府的宏观调控能力。例如，财税收入相对缩水和支出显著增加的双向挤压，导致财政赤字剧增和国家债务负担持续加重，特别是中央财政捉襟见肘；"搞活企业"的努力未能收到意愿中的效果，"减税让利"被评价为"走到山穷水尽的地步"，企业却普遍反映"仍然活不起来"；地方政府扩权后较快表现出的市场封锁、低水平重复建设式"诸侯经济"倾向，也成为"分灶吃饭"财政体制日益显露的弊端。

1.2.1.3　分税制改革与财政适度上收阶段（1994 年以来）

1993年11月，党的十四届三中全会召开，明确提出市场在资源配置中发挥基础性作用，建设中国特色社会主义市场经济体制，于法治化轨道上打造多种经济主体公平竞争的市场和宏观间接调控体系势在必行。在财政领域，财政大包干制度与社会主义市场经济体制的目标不匹配，迫切需要深化财政体制改革，建立一个符合社会主义市场经济要求的财政体制，平衡中央和地方之间的事权和财权，同时提高"两个比重"。1994年，中国确立了分税制财政体制，政府间财政关系调整实现了从传统的财力集分转向制度创新。同时，此项改革旨在扩大税收基础并简化之前复杂的财政包干财政体制，增强中央与地方税收分配比例的透明度，摒弃以往依靠中央和地方协商确定税赋的包干制度。1994年的分税制改革使我国几十年间反复探索的中央与地方之间财力分配合理化问题，在对接市场经济大环境的前提下，得以摆脱总是无法稳定下来的"放、乱、收、死"体制周期，走上可持续发挥"两个积极性"

之路。可以说，1994年的分税制改革，标志着我国税收制度从过去服务计划经济体制向适应社会主义市场经济体制要求的历史跨越，初步实现了“统一税法、公平税负、简化税制、合理分权”的改革目标。与之前的财政包干制度相比，分税制改革显著提升了中央政府的财政收入，改变了中央政府财政虚弱的局面；改变了中央与地方之间在财政上缴比例问题上不断讨价还价的局面，增强了中央政府的财政话语权和宏观调控能力，开始了中央与地方政府之间财政分配关系的新一轮调整。

一是调整税权划分。合理划分税收权力是政府间财政收入初次分配的关键，体现了政府间财政分配关系和财政资源配置。根据事权与财权相匹配的原则，分税制明确了中央税、地方税和中央与地方共享税的划分，并确立了中央和地方各自的税收征管系统。增值税、营业税、企业所得税是中国最重要的税种，属于中央与地方共享税。2002年，我国实施所得税共享改革，除特定行业外，摒弃按照企业隶属关系划分所得税收入的办法，将所得税由按行政级次征收调整为属地征收，并转变为中央与地方共享税。除个别企业的所得税外，2002年所得税实行五五分成、2003年所得税实行六四分成，均体现了中央在所得税收入中的主导份额。2004年，我国对增值税出口退税负担机制进行改革，将原来出口退税全部由中央财政承担，转变为中央要求地方财政也承担出口退税的部分比例（2004年，央地政府分担比例为75：25。后来，由于沿海出口外向型省份反映出口退税负担过重，2005年起，央地政府分担比例调整为92.5：7.5），这实际上对地方增值税收入造成较大冲击。2015年，为促进外贸稳定发展，中央政府再次启动出口退税负担的改革措施，决定将出口退税的责任完全由中央财政承担，而原本由地方承担的2014年出口退税基数以固定数额转给中央。2012年，“营改增”在上海、北京等省份，针对交通运输业、部分现代服务业等生产性服务业开展试点推广，且试点期间原归属试点地区的营业税收入，改征增值税后收入仍归属试点地区。2016年，“营改增”全面推广，鉴于这一改革取消了作为地方政府主要税收来源的营业税，可能会对地方财政造成严重影响，为了确保地方财政的稳定性，中央与地方政府之间的增值税分成比例被调整为各占50%。

二是调整事权划分。事权与支出责任匹配是财政体制改革的逻辑起点和重要内容。事权划分涉及政府间职能的划分，其本质是确定各级政府的行为边界和责任归属。杨志勇（2016）认为，事权划分从实质上看不是财政问题，而是行政体制改革问题，甚至可以说是政治体制问题。长期以来，特别是十八届三中全会后，中央政府大力推动建立事权和支出责任相适应的财政体制。

推动政府间财政事权和支出责任的法治化与规范化，完善转移支付制度，以确保政府间权责关系都是清晰、规范和有序的。调整基本公共服务领域央地政府之间共同财政事权和支出责任划分，从而保障我国各级政府都能得到充足而有效的财力支持。优化医疗卫生领域中央地方政府财政事权和支出责任划分，提高医疗卫生服务的运行效率和服务质量。为此，急需根据现有的中央与地方不同职能定位，对中央与地方之间的事权进行更详细的划分，即中央政府主要承担国防、外交、国家安全和中央国家机关日常运作的经费，承担协调区域间经济发展平衡、实施宏观调控以及发展中央直接管理的社会事业发展所需的支出。

三是进一步健全各级政府间转移支付制度。建立健全中央政府与地方政府之间、地方各层级政府之间的财政转移支付制度，是政府间财政收入再分配的重要范畴。由于中央政府财力薄弱、地方利益格局调整滞后等，1994年分税制未得到彻底改革。1994年分税制的政府间收入划分关系见表1-1。分税制改革后，中央财政收入占全国财政收入比重由20%逐渐上升到50%以上，导致地方财政收支缺口扩大、各地区间财力不平衡等问题日益凸显，亟须中央政府逐步完善和健全转移支付制度。1995年，我国建立一般性转移支付制度，中央按照“存量不变、增量调整”的思路，先后在调整工资、民族地区、农村税费改革、县乡奖补、资源枯竭城市、国家重点生态功能区等重点领域实施一系列转移支付政策。2014年，为优化政府间转移支付结构，中央要求提高一般性转移支付比例（必须占60%以上），减少专项转移支付项目。2015年，中央从政府财政资金使用的规范性、安全性和有效性等方面，进一步加强对地方专项转移支付的管理。2022年，中央要求完善省以下转移支付制度，建立一般性转移支付合理增长机制，合理控制专项转移支付新增项目和资金规模。

表 1-1　1994 年分税制的政府间收入划分关系

中央固定收入	地方固定收入	中央地方共享收入
1. 关税	1. 营业税	1. 增值税（中央75%）
2. 海关代征消费税和增值税	2. 地方企业所得税	2. 资源税（海洋石油归中央）
3. 消费税	3. 地方企业上缴利润	3. 证券交易税（中央50%）
4. 中央企业所得税	4. 个人所得税	
5. 地方银行和外资银行及非银行金融企业所得税	5. 城镇土地使用税	
6. 铁道部门、各银行总行、各保险公司总公司等集中缴纳的收入	6. 固定资产投资方向调节税	
7. 中央企业上缴利润	7. 城市维护建设税	
	8. 房产税	
	9. 车船使用税	
	10. 印花税	
	11. 屠宰税	
	12. 农牧业税	
	13. 农业特产税	
	14. 耕地占用税	
	15. 契税	
	16. 遗产和赠与税	
	17. 土地增值税	
	18. 国有土地有偿使用收入	

1.2.2　省以下税收分成制度

省以下政府间收入划分关系是央地财政分配关系的延伸，是分税制财政管理体制的重要组成部分。1994年的分税制改革虽然对中央与地方政府间的财政分配关系做了明确安排，但未对省以下财政体制和财政分配关系进行统一调整。随着中央和地方政府税收分成体制的确立，各省结合本省基础条件和发展实际，参考央地政府间的分税合同、分成合同等财政收入分配关系，先后开展省以下财政体制改革和各层级政府间的收入划分。例如，1996年，财政部印发《关于完善省以下分税制财政管理体制意见的通知》（财地字

〔1996〕24号），要求各地将分税制体制落实到市、县级，尽量按税种收入划分，省级财政承担调节辖区内地区间财力差异的职责。2002年，实行中央与地方所得税收入分享改革后，《国务院批转财政部关于完善省以下财政管理体制有关问题意见的通知》（国发〔2002〕26号），要求各地结合所得税收入分享改革，完善所属市、县财政管理体制，健全省对下转移支付制度。2005年，《财政部关于印发〈关于切实缓解县乡财政困难的意见〉的通知》（财预〔2005〕5号）提出，各地要创新省对县、县对乡财政管理方式，探索“省直管县”“乡财县管”，增强基层政府基本公共服务保障能力。为理顺省以下政府间财政分配关系，2009年，《财政部关于推进省直接管理县财政改革的意见》（财预〔2009〕78号），率先将粮食、油料、棉花、生猪生产大县全部纳入省直管县改革范围，力争全国除民族自治地区外全面推进省直管县财政改革，着力推动市县级政府加快职能转变，更好地提供公共服务。同时，由于省以下财政体制深化改革的过渡不顺利，一些负面因素在积累和固化，中央与地方在税种划分上“共享税”越来越多，并且在地方各级政府间实际上搞成了“一地一策”、各不相同、复杂易变的共享和分成，甚至越到基层越倾向于采用“讨价还价”的各种乃至分成制和包干制。

1.2.2.1　省以下税收分成的重要内容

探究税收分成对地方环境污染的影响需要厘清税收分成的变化趋势。1994年分税制改革的重要目标在于提高“两个比重”，重点是提高中央财政收入占全国财政收入的比重，并以此加强中央政府的宏观调控能力。在此背景下，中央政府财政收入占比快速上升至55%左右。尽管地方财政收入占比下降，但是地方政府的支出责任没有显著变化，由此导致地方财政压力陡增。特别是，1997年亚洲金融危机之后，中央要求地方政府承担“普九”的支出责任，地方财政收支矛盾不断加剧。尽管中央随后加大了转移支付力度并推进了农村税费改革，在一定程度上缓解了地方财政压力，但2002年中央推进所得税分享制度改革，将所得税由按行政级次征收调整为属地征收，并转变为中央与地方共享税。除个别企业的所得税外，2002年所得税实行五五分成，2003年所得税实行六四分成，中央占大头。另外，证券交易印花税收入也从1994年的五五分成逐渐上收，到2016年全部改为中央税。

“营改增”及增值税收入分成。分税制改革后，营业税是地方政府独享税，增值税是中央与地方政府共享税。营业税的税基集中在服务业和建筑业，增值税的税基集中在制造业，从税制机理上看，两税并征存在重复征税，不利于促进产业分工、服务业发展。为此，自2012年起，我国逐渐启动了“营改增”。增值税是我国第一大税种，自1994年确定75∶25的分成比例后，中央与地方之间的分成规则保持了长期稳定；但自2012年开始的“营改增”打破了中央与地方之间的分成机制。2012年以前，除个别行业外，营业税收入全部归地方所有；“营改增”将营业税的征收范围逐步并入增值税，相应的税收收入也大部分归中央所有。尽管中央明确保证了地方政府的营业税收入基数，但收入增长部分逐渐与地方“绝缘”。2016年全面“营改增”后，《国务院关于印发全面推开营改增试点后调整中央与地方增值税收入划分过渡方案的通知》（国发〔2016〕26号）规定，增值税收入在中央与地方之间按照50∶50比例进行分配。从表面上看，地方政府的增值税分成比例提高了，但综合考虑产业结构转型升级、第三产业占比提升等带来的原有营业税税源的扩大，地方政府的实际税收分成比例总体上是下降的。

企业所得税收入分成。企业所得税作为我国主体税种之一，除了筹集财政收入之外，还具有调节收入分配、促进经济发展等作用。1994年分税制明确，除了中央大型国有企业所得税作为中央税外，其他均作为地方税。2002年1月，所得税收入分享改革规定，除少数特殊行业或企业外，对其他企业所得税收入实行由按照行政隶属关系划分转变为中央与地方按比例分享（中央保证各地区2001年地方实际的所得税收入基数，实施增量分成），并且在2003年进一步增加了所得税的中央分成比例，提高了中央对所得税收入的集中程度。具体来看，2002年，所得税收入中央与地方分享比例为50∶50；2003年，所得税收入中央与地方分享比例为60∶40；2003年以后，中央与地方分享比例根据实际收入情况再行考虑。2002年及以后所得税改革的税收分成情况见表1-2。2008年，企业所得税又进行了一次重大改革，明确实行两个并行的税率档，即15%的税率档和25%的税率档，其中，15%的税率档主要是为小型微利企业设立的，25%的税率档则适用于中高收入的大型企业。

表1-2　2002年及以后所得税改革的税收分成情况

分享范围	分享比例	基数计算
除铁路运输、国家邮政、中国工商银行、中国农业银行、中国银行、中国建设银行、国家开发银行、中国农业发展银行、中国进出口银行以及海洋石油天然气企业缴纳的所得税继续作为中央收入外，其他企业所得税和个人所得税收入由中央与地方按比例分享	2002年，所得税收入中央分享50%，地方分享50%；2003年，所得税收入中央分享60%，地方分享40%；2003年以后，中央与地方分享比例根据实际收入情况再行考虑	以2001年为基期，按改革方案确定的分享范围和比例计算，地方分享的所得税收入，如果小于地方实际所得税收入，则差额部分由中央作为基数返还地方；如果大于地方实际所得税收入，则差额部分由地方作为基数上解中央

1.2.2.2　省以下税收分成的基本特征

如果说1994年以来中央与地方之间的财政体制改革是一个税收分成比例不断上收的过程，那么省与市县之间的财政体制改革也呈相同的趋势（周黎安等，2015；席鹏辉等，2017；宋丽颖等，2022）。由于分税制改革没有明确规定省以下税收分成比例，各省参照中央与地方的分税分成机制，对省以下税收分成制度进行改革。从各省历次省以下财政体制改革来看，省以下政府间的收入划分形式多种多样，存在明显区域异质性、时间变异性。

一是各省税收分成形式呈现复杂性和多样性。大多数地区将比例分配作为省以下税收收入的划分方式，同时也存在其他特殊分配方式。目前，大多数地区选择按比例分享税收收入的形式，江西、贵州等省份仍是按照企业的隶属级次来划分税收收入，也有结合“总额分成”与“增量分成”，在分税制中融入“财政包干”内容等其他特殊分税制度。例如，湖南、宁夏、内蒙古等地将重要行业和重点企业的增值税、营业税等作为省级固定收入；福建等地实行“总额分成”方式，省级政府与地级市政府按照20∶80的固定比例关系对一般预算收入进行分成，其他如江苏、浙江等省份实行“增收分成”方式；山东在分税制的体制中内嵌“财政包干”方式，规定济南、烟台等地级市逐年按照3%的固定比例递增上交。除了规定税收分享比例外，辽宁、吉林等省份还建立了增收激励机制。辽宁在对不含大连的其他地级市实行5个税种共享体制的基础上，对各市征收的省本级共享收入当年增幅超出市一般预算收入增幅的部分，由省财政给予30%的返还；对当年一般预算收入增幅高于辽宁平均增幅的市，按增量部分的5%通过转移支付给予以奖代补方式补助。吉林对市州本级上划省的共享收入，当年增长幅度超出市州本级财政收入增长幅度部分，省财政按超出数额的30%给予返还；对县（市）上划省的共享收入，当年增长幅度超出县（市）财政收入增长幅度部分，省财政按超出数额的40%给予返还。

二是个别省份对辖区不同市县采取不同分成政策。大部分省份对本省各市县的财政收入划分采取统一标准，也有个别省份根据地区不同采取不同的分成比例和方式，包括甘肃、海南和四川。如甘肃的增值税分享办法规定，兰州、嘉峪关、金昌、白银、酒泉5个市的增值税分享比例按省级与市县70∶30，其他市（州、地）的增值税分享比例按照省级与市县20∶80；海南与海口的增值税分享比例为75∶25，与其他市县的增值税分享比例为25∶75；四川的增值税分享比例按照省级与各市县35∶65，对甘孜、阿坝、凉山等市县的增值税，省级暂不参与分成，全额由市县政府收纳管理。

三是各省在不同时点推进省以下税收分成制度改革。2002年，中央实施所得税改革，地方政府受到所得税分成比例下降的较大外生冲击，为各省开启新一轮省以下财政体制改革创造了必要条件。基于此，《国务院批转财政部关于完善省以下财政管理体制有关问题意见的通知》（国发〔2002〕26号）下发，要求各省进一步完善省以下财政管理体制，合理确定各级政府财政收入占全省财政收入的比重。以中央所得税分享改革为契机，大部分省份同步改革了增值税、营业税和所得税等省以下税收分成制度，但有部分省份延后改革税收分成。例如，福建、湖北、山西、河北、海南等省份在2002年开展财政体制改革，辽宁（2003年）、甘肃（2003年）、吉林（2004年）、广西（2005年）于不同的时间节点推进省以下税收分成改革。通过梳理分析1999年以来各省的省以下财政体制改革文件发现，虽然不同省份推进改革时间有所差别（实际改革时间基本在2002—2005年），但大多在财政体制改革文件中注明“根据中央所得税收入分享改革的精神”。由此可以看出，当时各省的省以下财政体制改革重点之一，是应对财权上移中央这一外生冲击，对省以下各层级政府间收入分成关系进行调整，即省级政府将更多的增值税、营业税收入向上集中至省级政府，导致财政压力下移，财权“层层上收”现象。

特别是，为深入贯彻落实《国务院关于印发全面推开营改增试点后调整中央与地方增值税收入划分过渡方案的通知》（国发〔2016〕26号）精神，理顺省以下财政体制，部分省份不断优化省以下税收收入划分制度。2016年，《江西省人民政府关于印发江西省全面推开营改增试点后调整省以下税收收入划分过渡方案的通知》（赣府发〔2016〕53号）提出，省级只分享增值税和所得税地方部分，其他税收全部留给当地；所有行业企业缴纳的增值税地方部分均纳入省与市县分享范围，其中，省级分享10%、市县分享90%；所有行业企业缴纳的企业所得税、个人所得税地方部分均纳入省与市县分享范围，其中，省级分享20%、市县分享80%。2019年1月，《山东省人民政府关于深化省以下财政管理体制改革的实施意见》（鲁政发〔2019〕2号）明确，除石油、电力、高速公路、铁路等省级保留跨区域经营特殊企业税收外，从2019年起，对市县增值税、企业所得税、个人所得税和资源税、房产税、城镇土地使用税、土地增值税、耕地占用税、契税收入比2017年增长部分，省与市、省财政直接管理县按照20∶80的比例分成。2024年1月，贵州发布《省人民政府关于进一步推进省以下财政体制改革工作的实施意见》（黔府发〔2023〕19号），提出强化省级固定收入管理，主体税种省、市、县三级执行规范统一的收入分享比例，如增值税地方分享部分，省、市、县三级按23∶19∶58比例分享；企业所得税及个人所得税地方分享部分、煤炭资源税及其他资源税、城镇土地使用税、环境保护税，省、市、县三级按20∶20∶60比例分享；城市维护建设税、耕地占用税、契税，市、县两级按20∶80比例分享。

1.3 理论基础与研究综述

1.3.1 相关理论

1.3.1.1 财政激励理论

当前，学术界对政府间财政关系的理论体系研究称为“财政联邦主义理论”（Fiscal Federalism）。根据不同发展阶段和研究重点变化，形成了第一代财政联邦主义理论、第二代财政联邦主义理论。

（1）第一代财政联邦主义理论

第一代财政联邦主义理论，也被称为“古典财政联邦主义理论”，是由Tiebout（1956）等提出并逐步发展起来的，重点聚焦财政体制问题，从经济效率角度探讨多层级政府存在的合理性、不同层级政府间职能事权划分、财力分配以及政府间转移支付关系。第一代财政联邦主义理论重点强调“用脚投票”机制、“分散性知识”要求的决策权与知识对称分布理论，对地方政府公共服务有效供给有着特殊意义。

财政分权作为财政联邦主义理论的核心内容，源于Tiebout在1956年发表的《地方财政支出的纯理论》一文。随后经过Oates（1972）等进一步丰富和扩展相应的理论内涵，逐渐确立了第一代财政联邦主义理论。具体来看，第一代财政联邦主义理论认为，相较于中央政府，地方政府因与辖区内居民关系更密切、对居民需求了解更深入，在资源分配上具有天然的信息优势，因此，由地方政府提供辖区内公共物品能够实现资源配置最优状态，即帕累托最优。有学者提出，假设辖区内的选民可以实现自由流动，作为理性人的选民会利用“用脚投票”机制实现自身最优选择，即地方政府为了留住选民、扩大选票优势，通常会迎合选民偏好加强公共服务供给，从而提高资源配置效率，提高居民福利水平（Tiebout，1956）。也有学者承认地方政府在资源配置上的有效性，指出中央政府在稳定宏观经济、优化居民收入分配等方面具有更大优势，认为中央政府与地方政府应相互配合，通过一定的权力分配方式明确各自的职责，由此形成了财政分权理论的雏形。此后，Oates（1972）进一步指出，如果公共服务由中央政府统一提供，在信息不对称的情况下可能导致供给效率低下和供需不匹配，因而主张将部分财权和事权适当下放地方政府，以提高资源配置效率，并允许地方根据各自特点提供特色化公共服务，这被称为“财政分权定理”。

可以看出，第一代财政联邦主义理论为地方政府的存在必要性和职能范围提供了理论支持，倡导国家要适当向地方政府放权，但由于假设条件过于理想，受到一些学者的批判和质疑，如该理论假设选民可以实现自由流动，但现实中选民的流动受各种因素的限制；假设政府始终以选民福利最大化为目标进行决策，忽略了政府也具有“理性人”属性，即实际上政府在决策时可能会同时衡量自身利益和选民投票，导致地方政府间可能会展开恶性竞争，从而不利于资源有效配置等。面对第一代财政联邦主义理论存在的缺陷，有学者在该理论的基础上深入挖掘，第二代财政联邦主义理论应运而生。

（2）第二代财政联邦主义理论

随着古典经济学、企业理论、制度经济学的兴起和创新发展，学术界对政府间财政关系的研究视角和研究重点发生了变化，衍生出了第二代财政联邦主义理论。第二代财政联邦主义理论是由Weingast（2005）等提出并发展起来的“市场保护型联邦主义”（Market-Preserving Federalism，MPF）。MPF的基本特征包括强调不同级别政府之间权力与自治范围的明确划分、地方政府具有对其所辖区域内经济活动的主导权、中央政府承担监管和确保全国市场稳定发展的责任、所有层级的政府均需遵守严格的预算约束、中央与地方政府之间的权力责任由制度严格规定。可见，在第一代财政联邦主义理论的单一经济效率视角基础上，第二代财政联邦主义理论增加了政治元素，提出中央与地方政府之间的合适分权是促进市场保护、经济增长的重要制度基础。

国内学者将第二代财政联邦主义理论与中国财政体制改革实践相结合，研究重点主要集中在财政分权如何影响经济方面，如财政分权对经济增长的影响机制和效果（Zhang and Zou，1998；张晏、龚六堂，2005；周业安、章泉，2008）。与此同时，有学者提出MPF在解释经济绩效提升方面存在一定局限性，其特征条件设置过于苛刻，难以在现实中得到满足（Rodden and Rose-

Ackerman，1997），且该理论严重依赖来自新古典经济学的竞争理论和经典代理理论，将政府简单等同于市场中的微观主体（杨其静、聂辉华，2008）。针对中国改革历史进程和事实，也有学者对"中国式联邦主义"的几个主要核心观点进行了批评，认为财政分权理论难以用于解释绩效提升（Cai and Treisman，2006；陶然等，2009）。从中国"财政包干"体制来看，"财政包干"合同缺乏制度稳定性，可能出现中央政府单方面修改合同的情况，这与联邦主义理论要求的有效承诺效应规则相违背。

随后，Qian和Weingast（1995）等经过深入研究，将财政分权理论与官员激励、政府竞争、经济增长以及相关机制设计进行有效融合，逐渐确立了第二代财政联邦主义理论。与第一代财政联邦主义理论相比，第二代财政联邦主义理论着重强调地方政府是谋求自身利益最大化的"理性经济人"，而不是将公共福利作为其首要决策导向。结合委托代理理论、经典政治代理理论等，探讨如何通过激励地方官员以增进居民社会福利，以及二者的相容问题。假设地方政府作为理性主体，可能同时追求居民福利和自身利益的最大化，地方政府在行为选择时，可能会通过提供优质的公共服务以吸引更多的选票，也可能会进行政府间横向竞争，抢夺更多资源发展当地经济。可见，在"财政分权"体制下，地方政府被赋予了一定管理地方行政事务的财权和事权，也为横向地区之间争夺资源提供了可能性。因此，第二代财政联邦主义理论不但解释了中央政府下放一定财权事权给地方政府，而且阐述了"理性经济人"前提下地方政府增加了一定地方财权事权，也为政府间进行财政收支竞争、造成市场分割等提供了理论依据。

（3）中国式财政分权理论

"中国式财政分权"概念最早提出于1998年（Qian and Roland，1998）。不同于西方财政分权体制和模式，这一理论起源于我国分散化的财政体制，其积极意义在于财政分权制度可以有效约束政府预算行为。中国财政分权改革和财政分权体制的形成具有鲜明的中国特色（刘承礼，2011），其核心要义是经济上的分权与政治管理上的垂直化体制并存（傅勇、张晏，2007）。具体来看，主要有以下三个特征。

一是中国式财政分权的典型特征是政治集权与经济分权的并存。在西方传统理论中，财政分权可以划分为基于宪法的一致同意型分权和基于行政的一致同意型分权。中国式财政分权更接近行政的一致同意型财政分权模式（马万里，2015）。长期以来，中央政府起着决定性作用，重大政策和重大方案出台属于布坎南执行性的决策方式。中国式财政分权是中央政治集权下的经济分权，不同于西方官员任命由辖区选民的“用脚投票”机制决定（“向下负责”），中国地方官员任命是由中央政府通过人事任免考核决定的（“向上负责”，是政治集权的一种表现）。同时，经济分权赋予地方政府一定的自主权，促使地方政府作为理性经济人寻求利益最大化，二者相互作用刺激地方经济增长。中国式财政分权改革是中央主导和掌控的“自上而下”的强制性制度变迁，地方政府则在既定的财政体制内，通过博弈、竞争等方式实现其利益最大化（杨志安、吕程，2021）。

二是中国式财政分权呈现税收立法权和征管权高度集中的特征。从中国财税体制改革历程来看，政治集权的一个重要体现是税收立法权和征管权的高度集中。作为政府财政收入中最关键的组成部分，税收收入的立法权始终牢牢掌握在中央政府手中，并明确征税税种、税率等关键要素。而地方政府没有税收立法权，地方制定的税收条例等需要中央政府核准通过方能生效。从税收征管来看，不同财政体制改革时期呈现相应特点，经历了“收—放—收”的征管过程。

三是中国式财政分权旨在推进政府间事权与支出责任相匹配。分税制改革以来，财政收入格局呈现出“强中央、弱地方”的特征，而中央与地方财政事权和支出责任划分并未同步改革，造成财力上移、支出责任下移的不匹配问题凸显。基于此，中国于2018年启动了一项旨在重新界定中央与地方政府之间职权和财政责任的改革，省以下地方政府事权和支出责任划分改革也接续展开，旨在推进实现中央与地方政府间的财力、事权与支出责任相匹配。此外，可以看到，财政事权由中央统筹决定，通过分权体制改革，合理配置地方政府事权和支出责任，激励地方政府更好地提供公共服务。

1.3.1.2　委托代理理论

委托代理理论最早出现于20世纪30年代，由美国经济学家伯利（Adolf

Berle）和米恩斯（Gardiner Means）在《现代公司与私有财产》中提出。随着生产力快速发展和生产规模不断扩大，倡导打破企业所有权和控制权的统一，推动企业所有权和经营权分离成为发展趋势，委托代理理论应运而生。70年代，学者关注到企业内部存在信息不对称和如何激励等问题，有学者首次使用委托代理解释代理人代表委托人行使权利的行为，认为构建良好的激励机制有助于解决委托代理问题。1976年，美国经济学家米希尔·詹森（Michael Jensen）和威廉姆·麦克林（Wiliam Meckling）在《公司理论：管理行为、代理成本和资本结构》中提出，企业的资本提供者（股东和债权人等）与资本经营者（职业经理人）是委托代理关系。可以看出，由于专业化分工不断推进，企业越来越倾向于聘用具有专业知识和管理优势的职业经理人，并与其签订合作协议，聘请其提供管理服务，并赋予其相应的决策权力。

委托代理理论是适应专业化、规模化发展需要，平衡专业能力和信息不对称，推动实现企业所有权和控制权分离的理论。但是，在委托代理关系中，明显存在信息不对称问题，如何有效激发职业经理人正确行使代理权是学者关注的重点。例如，职业经理人凭借专业技能和信息优势被赋予代理权，但委托方往往难以精确判断代理人是否恰当地行使了代理权。同时，委托人和代理人存在利益不一致的情况，委托人一般追求企业利益最大化，代理人追求的是自身薪金、津贴、闲暇时间等最大化，委托人可能会承担较大经营风险。因此，如果简单形成这样的委托代理关系，代理人很可能过度追求自身利益，给委托人利益造成损失。为此，如何在信息不对称的委托代理关系中，设计最优的税收分成制度等激励约束机制，尽可能激励代理人有效作为、降低委托人风险，是委托代理理论关注的重点内容。

委托代理理论是契约理论的重要发展，被广泛用于各种所有权与经营权相分离的地方。例如，政治市场中存在委托代理关系，政府是经由代议制或代表制的法定程序成立，受社会公众委托履行公共产品和服务提供的代理机构，其中，作为代理人的政府官员行为难以有效监督，存在较严重的信息不对称问题。具体来看，社会公众与地方政府行为之间存在信息不对称，作为委托人的社会公众，难以有效掌握作为代理人的政府官员“道德风险”“逆向选择”行为，可能导致更多机会主义行为。上、下级政府间也存在信息不对称问题，上级政府委托下级政府在其辖区内行使公共职能，但作为代理人的下级政府同时具有政治晋升、经济增长等自身利益最大化目标，地方政府依托信息优势掌握当地税收收支信息，可以通过采取机会主义行为隐藏真实信息，从而达到个人利益目标。

可以发现，在委托代理模型中，下级政府作为公共权力的代理人，社会公众作为委托人，两者的目的和利益并非始终保持一致。下级政府在“理性经济”的自利行为目标下，可能会在履行公共职能过程中谋求个人效用最大化，在经济增长领域更多倾向于个人偏好和利益最大化。为此，在委托代理关系中，如何设计政府间财政收入分配关系制度，使得各层级政府的税收分配比例刚好能够促进代理人充分发挥自身能力，促进资源要素的有效配置和公共服务的有效供给，是值得研究的重要问题。

1.3.2 文献综述

以分成为主的分税是中国政府间财政关系的典型特征，不同的政府间税收分成关系将产生不同的财政激励，影响地方政府的行为选择（谢贞发等，2019）。1994年的分税制改革，在简单划分中央与地方事权与支出责任的基础上，重点进行了中央与省级政府之间的税收收入划分，按税种划分为中央税、地方税和共享税，并明确了主要共享税的分成安排，但省以下税收分成尚未完全理顺，各省均是根据中央与地方税收分成比例对本省各级政府间税收分成进行规定。税收分成效应这一典型事实引起了研究者的关注，现有文献主要归为五类：一是对税收分成比例指标的测算，如文件提取法（谢贞发等，2016；席鹏辉等，2017）、数值测算法（周黎安、吴敏，2015；吕冰洋等，2016）、推算法（毛捷等，2018；吕冰洋等，2018）；二是税收分成对地方经济发展的影响，如经济增长（陈思霞等，2017）、工业污染（席鹏辉等，2017）等；三是税收分成对产业行业发展的影响，如产业规模和结构（Bai et al.，2004；谢贞发等，2016；席鹏辉等，2017）等；四是税收分成对科技创新的影响，如区域创新发展（Lee，2011；杨志安等，2019；邱国庆等，2022）、企业研发投入（李林木等，2017；李琳等，2018；徐子尧等，2021）；五是税收分成对政府行为的影响，如地方税收征管（Weingast，2009；刘怡等，2015；

谢贞发等，2019）、地方财政支出（马光荣等，2019；徐超等，2020；谢贞发、张佼雨，2021）、环境污染（Xu，2011；席鹏辉等，2017；周克清、李霞，2023）、企业税负（田彬彬、范子英，2016；范子英等，2020；李建军等，2021）。

1.3.2.1 税收分成比例测算的相关文献

当前，国内外文献主要采用数值测算法、推算法、文件提取法等测算了不同口径下政府间税收分成划分的情况。

一是采用数值测算法测度各级政府间税收分成情况。数值测算法又称“间接法”，是用各省市、县级政府获得的各项税收收入除以该省税务部门组织的该项税收收入（周黎安、吴敏，2015；吕冰洋等，2016；吕冰洋等，2021）。有学者系统研究了分税制改革以来省以下政府间税收分成比例变化、影响和作用因素以及不同地区间的对比情况等（吕冰洋，2009；陈硕、高琳，2012；吕冰洋、聂辉华，2014）。具体来看，周黎安和吴敏（2015）通过测算省本级、地级市本级政府税收分成比例情况，描述了省以下各级政府的分成比例及其演变特征，同时发现政府间税收分成比例变化受到纵横向发展不均衡性、辖区经济发展情况、辖区企业性质和权属等影响。方红生等（2020）对一般公共预算收入以及增值税、营业税、企业所得税、个人所得税等重要税种进行了测算，分析省本级、地级市本级政府的税收分成比例情况。此外，他们认为，省以下政府间的税收分配比例是评估政府间财政分权程度的有效指标。

二是采用推算法测度各级政府间税收分成情况。有学者通过测算全国各省份的地级市政府增值税、企业所得税等重要税种税收分成情况，指出省以下政府间税收分成制度实质上是一种弹性分成合作（吕冰洋等，2016）。也有学者通过测算全国县级层面的增值税、企业所得税等重要税收分成比例情况，提出税收分成比例是县级自由的增值税（企业所得税）收入占该地区实际缴纳的增值税（企业所得税）总额的比重（毛捷等，2018）。吕冰洋等（2018）、吕冰洋等（2021）通过测算政府间财政收入划分发现，在省以下重要税种收入分配中，县级政府占比最大，政府间财政收入分配契约是弹性分成契约。吕冰洋等（2021）基于“弹性分税系统”概念，详细测算了中国多级政府财政收入的划分情况，并建立了一个政府间财政收入分配的数据库。

三是采用文件提取法取得各级政府间收分成情况。文件提取法（也称“直接法”），是指通过收集全国各省市财政体制政策文件、财政预决算文件等，直接采用文件中规定的省本级政府与地市级政府、县级政府的税收分成比例（谢贞发等，2016；席鹏辉等，2017；谢贞发等，2019）。例如，有学者通过直接提取政策文件中的税收分配比例数据，从理论和实证角度分析了增值税、营业税等关键税种分配激励的产业效应（谢贞发等，2016）。

四是基于独特数据测度各级政府间税收分成情况（吴敏等，2023）。有学者依托独特的全国基层税务机构的税收收入数据，测算了县级政府与其上级的中央、省和市各级政府之间的税收分成比例，发现县的税收分成比例约为41%，约为市辖区的税收分成比例（27%）的1.5倍，并在此基础上对测算法和推算法的有效性进行了验证（吴敏等，2023）。

我们发现，数值测算法、推算法和文件提取法都能刻画1994年分税制改革以来各级政府税收分成变化，而且主要变化体现在省以下财政体制改革变化的时间点上，体现出良好的区域和时间序列的变异性（周黎安、吴敏，2015；吕冰洋等，2016）。但是，这三种方法也存在一定差别，数值测算法、推算法可能存在主观性，特别是容易受到非税收分成制度因素的影响；而文件提取法避免了主观性，能够更直接、准确、客观地反映税收分成制度的调整变化情况。具体来看，税收收入中包括定比分成部分、不定比分成部分，数值测算法的局限性在于可能将二者混淆，造成测算出的结果可能同时反映政府间的固定收入部分变动、共享收入分成比例情况等。例如，各省份财政体制相关文件规定，税收收入主要包含省级和地级市（含县级）的固定收入以及省级与地级市（含县级）之间共享的税收收入，其中，固定收入不涉及分成，只有共享收入根据特定标准进行比例分配；但是，由于缺乏单独的政府间固定收入、共享收入比例情况，为了便于计算，现有的税收分成测算法、推算法都是将全部税收收入作为省以下各级政府间的共享收入进行处理，测算结果可能存在一定误差（朱恺容，2019）。同时，其他方面的体制改革可能影响数值测算法、推算法的结果，比如，受到非税收制度因素影响，造成测算结果与文件中规定的分成比例偏离现象，所以，有学者在研究影响税收分成因素的实证检验中剔除了2004年的样本（周黎安、吴敏，2015；吕冰洋等，2016）。例如，2004年中央出口退税负担机制改革，出口退税由之前的中央政府全额承担转变为中央与地方政府按照75∶25比例进行分担，2005年又进一步调整为中央与地方分担比例为92.5∶7.5。这一变化增加了地方政府增值税出口退税负担，使得地市县级增值税收入出现不同程度的下滑，特别是以出口导向性为主的地市县级政府出口退税负担尤为严重。但是，各省财政体制改革文件中的税收分成比例并没有随着出口退税负担机制改革同步调整变化，导致通过数值测算法计算出来的省以下政府间增值税分成比例出现明显异常。此外，不同年度其他因素带来的数据波动会影响数值测算法的结果，同样呈现政府间税收分成比例的明显异常，给相关研究和实证结果的准确性带来干扰。例如，地方财政体制改革有一定周期性，在相对保持稳定的期间内，可能受到经济发展横向差距、财力变化、产业行业结构调整等影响，数值测算法的结果会由于各地年度实际税收差异情况发生变化。在某些年份测算结果中发现明显数据波动引起的税收分成变化（周黎安、吴敏，2015；吕冰洋等，2016）。

1.3.2.2 税收分成与经济增长的相关文献

当前，学术界主要研究了税收分成与经济增长的逻辑关系，研究结果大体上可以分为两类。

一是有学者认为税收分成激励是推动经济增长的重要因素之一（陈思霞等，2017；詹新宇等，2021）；也有学者认为除了经济总量增长，税收分成对经济发展质量也有显著促进作用（宋丽颖等，2022）。具体来看，陈思霞等（2017）利用所得税分税变动引起财政压力变化，引起财政激励效应和政府行为决策改变，进而检验财政压力与地方经济增长之间的关系。詹新宇等（2021）研究发现，税收分成比例提高对地方政府形成财政激励效应，通过财政支出竞争策略的影响机制，显著提高了辖区经济增长目标。宋丽颖等（2022）基于中国市县级政府税收弹性分成的典型事实，从理论层面分析了税收分成对经济增长方式的作用机制，并实证考察了其影响效应，发现市县级政府税收分成激励通过建设新基建等推动经济发展转向集约型发展方式。

二是有学者认为税收分成对地方经济增长影响不显著，甚至有一定负面影响（储德银等，2020；詹新宇等，2022；薛钢等，2022）。具体来看，有学者探讨了上级政府制定的税收制度安排对下级政府行为选择的影响，上级政府通过确定与下级政府间的不同税收分成比例实现不同的政策目标和发展偏好，发现税收分成比例的提高可能会激励下级政府强化经济发展行为努力，也可能会影响不明显，激励程度随着政府行为税收制度安排不同而相应改变（吕冰洋等，2018）。也有学者通过实证分析探讨了财政纵向失衡与地方经济增长之间的关系，发现财政纵向失衡对经济增长的总效应显著为正，但伴随财政纵向失衡程度的提高，非线性负效应部分的作用不断凸显，财政纵向失衡对经济增长的制度红利呈现不断下降趋势，对地方经济最终影响是不确定的（储德银等，2020）。周雁南和雷根强（2021）研究增值税税收分成变动导致的财政激励，会对区域资源配置效应产生影响，发现税收分成越高的地区，地方政府越倾向于采取扩张本地经济的发展策略，造成了资源配置效率降低。詹新宇等（2022）通过实证检验增值税分成与经济发展质量之间的关系发现，地市政府增值税分成比例的下降，客观上促进了辖区经济发展质量的显著提升。薛钢等（2022）通过实证检验发现，地市级政府增值税分成比例的提高，客观上抑制了全要素生产率的提高，不利于经济发展质量提升。

1.3.2.3　税收分成与产业行业的相关文献

不同税种的税收分成安排及与相应产业的对应关系，会影响不同产业规模及结构的变化。现有研究主要集中在税收分成与产业行业发展的逻辑关系上，主要有以下两种观点。

一是税收分成激励地方政府通过发展本地税源产业（席鹏辉等，2017）、扩大税基（Bai et al.，2004；曹志伟等，2022），促进当地产业行业发展。具体来看，Bai等（2004）研究发现，地方政府出于税收原因保护本地产业免遭其他地区同类企业竞争，提出越是利税率高的企业，越容易受到本地政府的保护。谢贞发等（2016）基于省以下增值税、营业税分成改革实践，实证考察了地级市政府税收分成变动带来的不同财政激励效应，发现增值税、营业税分成变化会对不同产业规模和结构产生不同影响，如增值税分成变动有利于第二产业发展，营业税的分成激励则有利于第三产业发展，并在一定程度上对第二产业有抑制作用；特别是，增值税和营业税分成差异会显著影响第二产业、第三产业的相对结构变化。席鹏辉等（2017）通过研究地级市政府增值税分成与产能过剩行业的作用关系和影响效果发现，地级市增值税分成比例下降会导致财政压力，地级市政府为了应对压力可能会采取大力发展带来相关税源产能过剩行业的方式，维持和增加财政收入。曹志伟等（2022）提出，税收分成制度通过激励地方政府扩大税基和提升税收征管效率促进地方税收增长，且税收收入分成制度具有结构效应。

二是税收分成激励可能抑制地方产业行业发展。具体来看，Han和Kung（2015）提出，当地方政府的税收分成减少时，为缓解财政压力，地方政府会增加对当地产业行业的扶持。吕冰洋等（2016）研究发现，辖区内工业越发达，下级政府获得的增值税收入分成越少；反之亦然。黄思明等（2018）通过实证考察税收集权对地方政府偏好的影响发现，税收向上集权（地级市政府税收分成比例下降），会促使地方政府支持相关税源产业行业发展，从而扩大本地的工业企业规模和提高产出水平。吕冰洋等（2014）认为，各级政府间税收分成制度是一个弹性分成合同，既能为地方政府发展提供新的动能，也能带来经济粗放式发展和抑制相关高附加值产业行业发展。

1.3.2.4 税收分成与科技创新的相关文献

当前，学术界重点研究税收分成激励与区域创新、税收分成激励与企业创新之间的关系，但尚未形成一致性结论。

税收分成对区域创新的影响。当前，学术界关于税收分成对区域创新的影响有不同见解。有学者认为，税收分成能够促进地区创新（Fraschini，2006；林海波、毛程连，2015；卞元超等，2017）；也有学者认为，税收分成激励对地区创新具有显著抑制作用（Berkowitz and Li，2000；Claessens and Laeven，2003；李政、杨思莹，2018）；还有学者认为，税收分成对地区创新存在非线性关系即呈倒"U"形关系（杨志安、邱国庆，2019；田红宇等，2019）。具体来看，有学者认为，地方政府可能会通过横向竞争争夺更多选民选票，伴随着竞争行为可能会增加创新投入，促进辖区创新实效提高

（Shleifer，2000）。也有学者认为，税收分成变化可能通过激励地方政府优化财政资源配置（Akai and Sakata，2002），通过政府干预增加创新相关经费投入（Lee，2011），推动辖区内创新活动开展。有学者利用省级面板数据，通过测算万人发明专利授权数（卞元超等，2017）、专利产出弹性（林海波、毛程连，2015）、边际创新产出（薛婧、张梅青，2019）、创新效率（宣烨等，2017）等指标衡量区域创新情况发现，税收分成激励有利于促进地方创新活动。与此同时，有学者认为，税收分成可能导致辖区内创新活动和创新效率下降，原因在于，财政资源配置自主权扩大会带来一定腐败风险，对创新生态环境产生一定负面影响（Berkowitz and Li，2000；Waller et al.，2002；Claessens and Laeven，2003）。白俊红等（2017）发现，由于地方政府财权与事权不匹配，不同角度下的财政分权对地方科技投入的影响效应并不一致。邱国庆等（2022）运用实证考察税收分成激励对区域技术创新的作用发现，从全国层面来看，税收分成对区域技术创新具有显著抑制作用。财政分权可能会显著抑制区域创新，包括导致创新产出效率和成果转化效率下降，并且随着财政分权程度的提高，对创新的抑制作用更明显（吴延兵，2019）。财政分权对技术创新的影响具有显著区域异质性和行业差异，其正向效应从中部依次向东部和西部递减（李政、杨思莹，2019）。税收分成对区域创新存在门槛效应，适度分权能够改进区域创新效果，过度分权则削弱对区域创新的促进作用（王春元，2016），意味着税收分成与区域创新之间存在非线性关系（梁强，2019），影响路径表现出“U”形变化特征（杨志安、邱国庆，2019；田红宇等，2019）。

税收分成对企业创新的影响。当前，学术界关于税收分成对企业创新的影响有不同见解。有学者认为，税收分成能够促进企业创新（张希等，2014；台航等，2018；吴非等，2018；李香、菊贺娜，2019）；也有学者认为，税收分成激励对企业创新具有显著抑制作用（李林木等，2017）；还有学者认为，税收分成对企业创新的影响路径呈显著的倒“U”形关系（李琳等，2018；徐子尧等，2021）。具体来看，谢乔昕和宋良荣（2015）提出，税收分成越充分，晋升压力越大，财政收支不平衡状况越严重的地区，企业的研发投入往往呈现出较低的水平，不利于企业创新发展。李林木等（2017）认为，税收分成形成的征税激励会抑制企业创新，包括总体税费负担、直接税费负担、间接税费负担均会损害企业创新活动，不利于企业创新发展。李琳等（2018）发现，税收分成对工业企业创新能力的影响呈倒“U”形关系，表明税收分成激励可能会从支持企业创新转变为抑制企业创新，即对企业创新的影响将从“援助之手”向“攫取之手”转变。台航等（2018）通过在内生增长模型中引入财政分权变量发现，税收分成激励地方政府加大生产性公共服务供给，通过提高创新的边际回报率，促进企业加大创新投入。乔洪武等（2019）认为，税收分成激励地方征税边际收益增加，导致地方政府加强税收征管，可能会提高企业实际税负，进而抑制企业创新活动。

1.3.2.5 税收分成与政府行为的相关文献

当前，学术界重点研究税收分成与政府行为、税收分成影响政府行为进而影响企业选择，形成了较丰富的文献。

税收分成对地方税收征管的影响。当前，学术界对税收分成对地方税收征管的影响有不同见解。Weingast（2009）提出，不同财政制度安排会影响地方政府财政收入，以及基于财政利益最大化的制度安排如何通过财政激励影响地方政府决策，从而影响其管辖区内企业活动。吕冰洋（2009）提出政府间税权配置的定额合同、分成合同、分税合同和代征合同四种契约形式，研究政府间税权如何最优配置和激发地方政府税收活力。刘小勇（2012）研究地方财政收入分成变动会提高地方政府财政努力程度，并且分成比例和财政转移支付共同决定地方财政努力。Han和Kung（2015）利用中国2002年企业所得税分成改革这一外生冲击，实证探讨了税收分成引发的财政压力对地方政府在土地财政方面的行为动机和影响效应。刘怡等（2015）通过研究中国县级层面的数据发现，政府间共享税的分享份额每提升1%，地方政府的征税努力会相应减少0.198%；相反，若税收实际分配增加1%，则地方政府的征税努力会增加0.585%。谢贞发和范子英（2015）通过研究分税制下中央政府有动机集中税收征管权压缩地方政府税收竞争的空间发现，中央政府集中税收征管权提高了实际税率。吕冰洋等（2016）提出，地方政府税收边际收益随着税收分成比例上升而上升，进而使地方政府更加积极地加强税收管理，可能会提升企业的实际税负，表明税收分成在增强地方政府征税动力方面起到显著作用。吕冰洋等（2018）提出，分税和转移支付是联结政府间财政关系的两条重要纽带，税收分成变动会引起一般性转移支付变动。吕冰洋和台航（2018）通过构建理论模型分析分税对地方政府行为的影响，探索中央和地方两个积极性的发挥。赵永辉等（2019）通过地方最优征税模型，实证考察了税收分成增加带来的征税效应，即税收分成变化会强化地方税收征管，增加地方政府提高财政收入的征税努力。谢贞发等（2019）研究市县级的增值税、营业税分成变动引起财政激励效应，对地方政府土地配置行为的影响。姜竹等（2019）通过研究全面“营改增”后增值税分成模式创新带来的相关效应发现，增值税分成比例的调整不足以填补地方财政缺口，特别是在营业税依赖较大地区，可能进一步拉大区域间税收收入差距。

税收分成对地方财政支出的影响。当前，学术界对税收分成的财政支出效应研究较多。有学者认为，税收分成激励能够提高政府财政支出水平（徐超等，2020）；也有学者认为，税收分成激励能够降低政府财政支出水平（牛富荣等，2020）；还有学者认为，税收分成激励对不同类别财政支出有不同影响（谢贞发等，2021）。具体来看，傅勇（2010）认为，政府治理效能受到财政分权制度影响，特别是对基础交通、公共设施等非经济性公共物品供给影响更为显著。陈硕（2010）对分税制改革及其对地方财政自治权跨时期和区域变化的研究表明，财政分权将改善地方公共产品供给状况。张宇（2013）实证考察政府间财政收入分权对地方财政支出结构的影响效应发现，随着财政分权程度提高，生产性财政支出比重会呈先增后减的倒“U”形非线性变化特征。刘怡等（2015）研究县级税收分成变动引起地方政府征税努力，产生直接收入效应和间接收入效应，进而影响地方公共支出行为。马光荣等（2019）通过实证考察税收分成与地方财政支出结构的作用关系和影响效应发现，税收分成对财政支出有显著的促进作用，特别是能够对生产性公共支出产生正向影响，通过产出外部性提高自身税收收入。牛富荣等（2020）发现，税收分成变化对地方公共服务供给有显著的抑制作用，如省级政府的税收分成比例每增加10个百分点，用于民生的支出比例将下降1.29个百分点。徐超等（2020）将2002年的所得税分配改革作为衡量地级市财政压力变化的外生因素，发现此次改革显著提高了地方政府支出效率，并且这种改革效果表现为先增后减的倒“U”形趋势。谢贞发和张佼雨（2021）通过实证研究税收分成与地方公共产品配置之间的关系及其产生的影响发现，税收分成激励在推动“税基增进型”公共产品的配置方面起到显著作用，同时对“非税基增进型”公共产品的配置影响不显著或具有负向影响。

税收分成对地方环境污染的影响。当前，有学者认为，税收分成带来的财政压力是污染加重的重要原因（Weingast，2009；Xu，2011；席鹏辉等，2017）。在传统的目标考核机制下，为了缓解税收分成变化带来的财政压力，地方政府主要通过降低环境规制、引入资源密集型产业等粗放型发展方式促进本地区经济增长，扩大税源增长，由此导致环境污染加剧（周克清、李霞，2023）。也有学者认为，部分地方政府在面对财政压力时，开始寻求集约式经济发展，加快产业结构转型，从而降低环境保护压力，税收分成有可能改善环境质量（陈工等，2015；周克清、李霞，2023）。还有学者认为，税收分成对地方环境质量改善与否的影响是不确定的（范庆泉，2018；王育宝、陆扬，2020；刘俸奇，2020；鲁玮骏、骆勤，2021；毛捷等，2022）。具体来看，席鹏辉等（2017）通过实证考察地级市政府增值税分成变化与环境污染的影响效应发现，税收分成变化会形成地方财政压力，进而直接影响地方政府行为选择，通过扩大工业企业发展规模维持和增加税收收入，也显著提高了地方工业污染水平，对地方环境污染有明显的负面效应。一部分学者认为，税收分成对环境污染具有显著促进作用（刘建民等，2015；吴俊培、万甘忆，2016），如财政分权提高会加重当地水污染程度（Sigman，2007），税收分成提高会加剧碳排放污染程度（张克中等，2011），税收分成可能促进工业“三废”排放和加重当地环境污染（闫文娟，2012）。另一部分学者给出了不一样的研究结果，周克清和李霞（2023）通过检验增值税分成变化对地方环境污染的影响效应发现，税收分成变化导致的地方财政压力会影响地方政府的行为选择，降低环境污染水平。

税收分成对企业税负的影响。现有文献大多认为，理论上，增值税分成与企业活力的关系是不确定的。一方面，地方政府通过税收减免、财政补助和土地安排等手段，鼓励高税收行业的发展（Xu，2011；谢贞发等，2019），实际上降低企业税负（田彬彬、范子英，2016；范子英等，2020；李建军等，2021）。另一方面，增值税地方分成比例的提升，有效地增加了地方政府的征税收益，进一步激励了地方政府加强税收管理，导致企业实际税负上升（吕冰洋等，2016；Chen，2017），进而可能降低企业的发展活力。具体来看，Slemrod 和 Yitzhaki（2002）、Slemrod（2007）提出，增加地方税收努力会提高企业逃税被发现的概率，进而增加企业逃税成本。曹书军等（2009）研究税收分成和地方政府竞争行为对上市公司实际税负的影响发现，所在地方政府与中央政府的财政依赖程度对上市公司实际税负影响明显，并且呈倒“U”形关系。范子英和田彬彬（2013）研究企业所得税冲击对税收执法力度影响发现，为争夺税源，地方政府间开展税收横向竞争，可能会减小地方税收征管力度，进而影响企业税收征管效率，导致企业避税行为。李明等（2014）研究发现，在地方政府主导的税收征管背景下，如果中央政府降低地方税收分成比例，就可能降低地方政府征税努力，从而导致企业实际税率下降。Liu和Yu（2015）以2002年中国所得税分成改革作为准自然实验，考察了企业发展规模与企业非税负担的影响效应，发现地方税收分成减少对企业非税负担增加有明显促进作用，并且具有倒“U”形关系特征。田彬彬和范子英（2016）利用2002年的所得税改革实验，研究税收分成变化如何影响企业逃税行为，发现地方税收分成比例下降，可能会降低地方税务部门的征税努力程度，进而提高企业逃税水平。吕冰洋等（2016）提出，政府间实行税收弹性分成、企业面临差异化税率是两个重要典型事实，税收分成变动影响地方政府偏好，导致企业逃税减少和实际税率上升。Chen（2017）认为，随着地方税收分成比例的提升，地方政府更有动力加强税收征管，促使企业逃税下降、企业实际税率提高。范子英和赵仁杰（2020）研究政府间财政收入权、税收征管权上移对地方政府征税努力的影响发现，撤县设区弱化了县级政府征税努力，显著降低了企业的实际税率。李建军等（2021）基于2016年的“增值税分成”改革，构造了强度DID模型，采用上市公司数据，实证检验了增值税分成改革产生的财政激励通过降低企业税负，激发了企业活力。

1.3.2.6 研究评述

根据上述对税收分成比例测算以及税收分成与经济增长、产业行业、科技创新、其他领域的相关文献梳理分析，发现现有研究重点聚焦在税收分成对政府行为的影响和由此带来的影响效应上，在一定程度上形成了有建设性的研究成果和指导路径。但也看到，省以下税收分成的经济效应具有继续深入探究的重要价值，包括从系统性的角度探讨不同税种税收分成对经济领域的作用机理和影响效应，以及政府间财政分配关系改革的方向和重点等，仍存在不足之处。主要包括以下几个方面。

一是相对于中国财政体制改革实践，省以下税收分成及其影响效应的理论研究相对滞后。总体来看，当前国内外财政相关理论集成创新是基于财政改革实践的，特别是财政分权理论、国家财政联邦主义理论等大部分是对改革实践的事后总结，财政理论创新走在实践前列的还很少。财政体制理论研究的滞后是自身学术研究规律导致的，如利用市场保护型联邦主义理论框架来解释中国税收分成财政体制改革实践，但也看到理论研究滞后性不利于理论对现实改革的指导价值。因此，基于本书的研究，有必要加快推进税收分成相关理论研究和指导现实改革实践。

二是相对于中央与地方财政体制改革，省以下税收分成制度改革还缺乏从宏观层面、中观层面、微观层面的系统性理论框架和逻辑机制分析。我们知道，分税制改革以来确立了中央与地方政府的税收分成制度，但尚未明确省以下各政府间财政分配关系，省以下税收分成主要是参考中央与地方分成制度和结合自身实践，制定相关分成规则和制度。纵观中国财政体制改革实践，省以下税收分成制度改革方向虽然大多参照中央与地方政府收入划分制度，但绝对不是简单的复制推广，而是在结合各省市实际情况的多样性和差异性，综合考虑政府间财权和支出责任划分等因素，迭代升级、推成创新的制度集成创新。为此，进一步深化省以下财政体制改革，设计出科学合理的省以下政府间税收划分关系方案，是当前及未来一段时间的重要研究内容。

三是相对于其他财政税收公开数据，税收分成比例指标数据仍然面临一定的短板和问题。从理论上看，税收分成应反映不同层级政府之间财权财力的分配关系，当前主要用数值测算法、文件提取法、推算法等测度税收分成比例指标，显然存在难以满足“分权逻辑”“指标逻辑”的缺陷（陈硕、高琳，2012；周黎安、吴敏，2015）。具体来看，文件提取法主要是通过收集整理全国省份、地级市相关财政体制改革文件和财政预决算报告等，直接提取各政府间税收分成比例情况，但由于相关信息公开力度还有待加大，此种方法存在较多数据缺失。特别是，随着2022年《国务院办公厅关于进一步推进省以下财政体制改革工作的指导意见》的出台，各省份相继出台了省以下财政体制改革文件，重新对增值税、企业所得税、个人所得税等相关共享税做了分成比例安排，由于受到信息可获得性影响，最新的税收分成信息还未完全收集并运用。数值测算法主要是用各省的地市县政府税收收入总和与该省税务部门组织的税收总和之比代表税收分成比例指标，同样存在一定局限性，如地市县税收分成比例是根据各层级政府间的各项税收收入间接测算出来的，可能具有一定内生性问题。此外，有学者对上述两种方法进行了比对检验，发现通过数值测算法和文件提取法得到的税收分成比例指标是一致的，具有客观性。

四是已有文献关注了税收分成的影响效应，从前期主要集中于中央与地方税收分成影响到近几年开始转向省以下税收分成对经济领域的互动关系。不论是中央与地方政府间，还是省以下政府间税收分成研究，对税收分成背后的动因机制以及宏观、中观、微观等不同维度的影响效应都有待进一步挖掘。具体来看，关于税收分成与经济增长，目前学者更多是从省级层面探讨税收分成变动对经济增长、经济质量的影响，对二者作用机制研究、从地级市层面数据探讨其影响效应还有待完善。关于税收分成与行业结构，目前仅有较少学者研究地市县增值税、营业税对不同产业的影响效应，而从中观层面探讨工业行业结构和规模的逻辑机理与实证检验还有待完善。关于税收分成与企业创新，目前学者仅从省级层面和采用简单的计量模型探讨税收分成对区域创新的影响，而从微观企业层面，基于2016年“营改增”改革这一准自然实验的增值税分成对制造业等工业行业的作用激励和影响效应还有待完善。为此，从宏观、中观、微观等不同维度，采用不同数据和实证检验方法，探讨省以下税收分成的作用机理和影响效应，是当前和未来一段时间研究的重点内容。

1.4 税收分成对经济影响的理论传导机制

以税收分成为主的政府间财政收入分配制度，对经济社会各方面都有重要影响。为了探究税收分成对经济的作用机理和影响效应，本书结合新时代经济高质量发展的内涵特征，从经济稳定、结构优化、动能培育、效率提升等方面探讨税收分成对经济影响的直接作用机制，以及从政府利益动机、地方政府竞争等政府行为探讨税收分成对经济影响的间接作用机制，以期为后文实证研究提供理论支撑。如图1-1所示，上级政府根据经济社会发展需求，从收入划分、支出责任等领域制定激励相容的税收分成制度，设定下级地方政府的财权事权安排和经济目标任务。在税收分成制度下，通过激励约束地方政府利益动机，包括仕途利益、公众利益、私人利益等，并通过直接作用机制、间接作用机制影响地方政府行为选择，进而影响辖区内企业/居民活动，企业/居民相关活动又反过来影响地方经济发展。

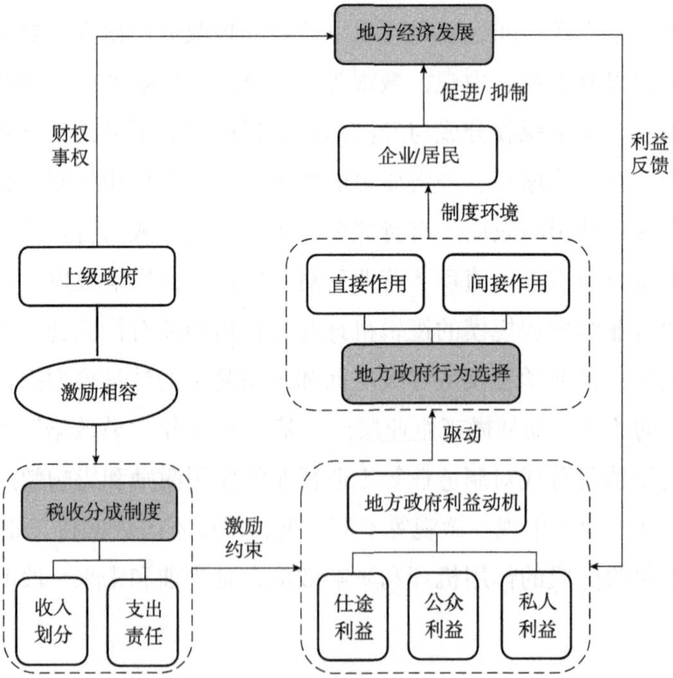

图1-1 税收分成对经济影响的作用机制理论分析框架

1.4.1 税收分成对经济影响的直接作用机制

税收分成对地方经济的直接作用机制，就是探讨税收分成变化如何影响政府间财政资源配置，从而作用于公共部门产出和效率，进而影响社会总产出。结合新时代对地方经济发展的要求，从经济稳定、结构优化、动能培育、效率提升等方面，探讨税收分成对经济的直接作用机制。

一是税收分成对地方经济稳定的影响。中国政府间财政分配关系呈“权责下放、财源上收”的基本特征，加上经济下行压力加大等叠加因素影响，地方政府财政收支缺口压力更加凸显。根据财政激励的基本思想，为了实现增加地方可支配财政收入的目标，地方政府有动机支持那些可以放松其预算约束的政策（Weingast，2009）。税收分成对经济稳定的影响是不确定的，一方面，由于下级政府会根据上级政府税收制度安排，采取使地方利益最大化的行为决策，同时上级政府会通过上收部分财权促进地方政府相机抉择作用的发挥，税收分成有利于促进当地经济稳定。另一方面，税收分成变化可能导致财政纵向失衡，地方政府可能从“援助之手”转变为“攫取之手”，导致资源要素不合理配置，因此税收分成不利于地方经济稳定。

二是税收分成对产业结构优化的影响。产业结构优化是地方经济发展的重要内容，地方政府制定的相关税收安排会影响产业发展。税收分成会对产业结构调整产生正向影响，可能会通过资源优化配置、技术创新效应等传导。一方面，税收分成变化可能会通过优化税制结构，引导资源要素有效配置，推动产业结构高级化。另一方面，税收分成变化可能通过引导地方政府由粗放型发展转向集约型发展，有利于地方产业结构优化。科学技术是第一生产力、第一竞争力，地方政府会通过税收优惠政策等鼓励企业创新发展，促进产业和技术融合发展，推动产业结构转型升级（周克清等，2011）。此外，税收分成制度可能会导致政府间税收竞争行为，促使资源配置结构向高端化发展，从而优化地方产业结构。

三是税收分成对创新动能培育的影响。创新具有正向外溢性，创新动能培育对经济发展具有重要驱动作用。税收分成激励地方政府采取不同决策选择，通过财政支出、税收竞争等方式作用于当地创新活动。税收分成变化对创新动能培育的影响是不确定的。一方面，税收分成制度安排会影响政府财政支出结构，在财政收支总额控制下，地方财政支出更倾向于能够带来明显增长效果的生产性支出、经济性支出领域，导致减少科技创新等社会性财政支出，不利于区域创新能力的提升（杨志安等，2018；何凌云、马青山，2020）。另一方面，税收分成变化可能会增加地方财政收入，激励地方政府为创新活动提供更好的创新设施、创新平台和融资渠道（冉光和等，2013），加快辖区内人力资本流动，引致企业创新投入增加（台航等，2018；徐子尧等，2021）。

四是税收分成对效率提升的影响。税收分成是政府间收入划分的直接体现，关键在于形成的财政激励制度（Blanchard and Shleifer，2000）。税收分成对经济效率的影响是不确定的。一方面，税收分成制度使得地方政府拥有一定的财权和事权，可以根据辖区内信息优势提供高效的公共产品和服务，优化地方财政支出结构，提高资源配置效率。同时，税收分成对地方预算约束有影响，在一定程度上减少了地方低效、无效的财政支出行为，提高了财政支出效率（范子英、张军，2009）。另一方面，由于中央与地方政府间财权和支出责任不匹配，可能会产生纵向财政失衡，地方财政支出存在“重投资轻民生”偏向（储德银等，2018），不利于公共资源配置的帕累托最优，进而引致公共资源配置效率损失。此外，税收分成变化可能会导致区域间横向财政失衡，如提高税率、市场分割等恶性竞争行为，可能会阻碍企业全要素生产率提高，降低资源配置效率。

1.4.2　税收分成对经济影响的间接作用机制

税收分成对经济影响的间接作用机制，就是财权在政府间纵向配置结构的变化，必然会对政府行为产生影响，从而影响私人部门的产出，进而影响社会总产出。结合财政激励理论和税收分成激励地方政府行为，从政府利益动机、地方政府行为探讨税收分成对经济影响的间接作用机制。

一是税收分成对政府利益动机的影响。地方政府在行使职能、参与经济活动时，可能存在政治仕途、公共利益、官员私利等利益动机。这决定了后续地方政府行为选择和竞争策略，也决定了为企业部门发展提供的制度环境，从而对地方经济产生影响。上、下级政府间实际上是委托代理关系，下级政府根据上级政府制定的目标，根据不同动机采取能够带来最大化收益的策略行为，以提高地方经济绩效。税收分成激励地方政府行为选择，存在上下级政府间非对抗性博弈，根据不同的利益动机，可能会诱发地方政府非理性行为，致使其从“援助之手”变成“攫取之手”。

二是税收分成对地方政府行为的影响。在财政收支总额控制下，税收分成通过影响地方财政收入，作用于地方政府行为选择，如政府间税收竞争等，进而影响地方经济绩效。这是税收分成影响地方经济的重要作用路径。地方政府为实现某种利益动机目标，可能会通过调整资源要素配置、生产要素供给等行为方式吸引相关要素集聚，进而影响地方经济绩效。税收分成激励地方政府谋求当地利益最大化，基于有限理性“经济人”假设，地方政府可能会通过差异化的竞争策略行为，优化资源要素配置，提升当地公共供给数量和质量。此外，税收分成激励地方财政收支行为选择，地方可能会选择竞争力策略，一般会倾向于选择负外部性行为，可能导致下级政府“个体理性”与上级政府“集体理性”的偏离，从而对地方经济产生影响。

1.5　本章小结与启示

本章首先介绍了税收分成的制度背景，重点从“统收统支、高度集中”阶段（1949—1978年）、“财政包干，放权让利”阶段（1979—1993年）、分税制改革与财政适度上收阶段（1994年以来）等探究我国中央与地方政府间财政分配关系，从“营改增”及增值税收入分成、企业所得税分成等探讨省以下税收分成制度演变，分析财政体制改革不同阶段的政府行为选择，以及各层级政府间税收分成比例情况。此外，从财政激励理论、委托代理理论等出发，探讨以税收分成为核心的政府间关系，明晰上级政府下放权力给下级政府，激发下级政府信息优势和积极作为，提供满足辖区内社会公众的公共服务偏好是十分必要的。此外，结合新时代经济发展的内涵要义，从经济稳定、结构优化、动能培育、效率提升等方面探讨税收分成对经济影响的直接作用机制，以及从政府利益动机、地方政府竞争等政府行为探讨税收分成对经济影响的间接作用机制，以期为后文实证研究提供理论支撑。为后续设计各政府间税收分成制度，更好平衡、实现委托人和代理人的利益最大化，是需要重点关注的。

第 2 章　税收分成：相关测算与特征事实

2.1　问题的提出

测算中国各级政府间财政收入划分，是剖析地方政府行为的重要基础（吕冰洋、陈志刚，2021）。中国政府具有中央、省（自治区、直辖市）、地级市、县（县级市）、乡镇五个层级，从中央到地方各层级政府实行任务层层下达和指标逐级分解的行政发包制（周黎安，2008，2014，2017）。中央政府为激发地方政府的积极性，将基础设施、产业发展、行政事务、公共服务等职权下放，并赋予其相应的财权，包括税收收入、土地收入等部分的分享权，以鼓励地方政府推动当地经济发展、优化公共服务供给。可以说，中国各层级政府之间财政体制改革呈现出以税收分成为主的收入划分关系特征。当前，国内外学者对政府间收入划分关系，尤其是关于财政分权、税收分成等进行了大量研究（Zhang and Zou，1998；Lin and Liu，2000；Jin et al.，2005；张晏、龚六堂，2005；范子英、张军，2009），认为以税收分成为主要特征的财政分权是中国经济持续高速增长的重要制度因素（Qian and Xu，1993；Lin and Liu，2000；Cai and Treisman，2006；Xu，2011），相关财政分权特征被称为“中国特色的财政联邦主义”（Montinola et al.，1995；Qian and Weingast，1996；Qian et al.，1999；Jin et al.，2005）。

研究税收分成及其给地方带来的财政激励，需要解决的最关键问题是如何衡量政府间财力分配关系。中国政府包含五级行政层次，中央政府做出的经济发展、公共服务等政策举措会对下级政府产生一系列影响，通过层层下发指标任务的方式逐步分解目标任务（徐现祥、梁剑雄，2014；周黎安等，2015）。近年来，随着经济下行压力增大，地方财政收支矛盾更加突出，“财权上移，事权下移”等现象受到更多关注和讨论。关注政府间财权分配关系，不仅要关注中央与地方税收分成比例，更要关心省以下的省本级、地市县级税收分成关系。目前，一部分学者对政府间财政收入关系的度量，主要利用上、下级政府之间的财政收支相对大小构造“收入分权”“支出分权”指标（Zhang and Zou，1998；张晏、龚六堂，2005；傅勇、张晏，2007），或者利用同级政府的财政收支关系刻画财政自主度情况（龚锋、卢洪友，2009；陈硕、高琳，2012）。另一部分学者利用上、下级政府之间的总税收收入、增值税、营业税、企业所得税等税收分成比例度量政府间财权关系（周黎安、吴敏，2015；毛捷等，2018；吕冰洋等，2021；吴敏等，2023）。

1994年的分税制改革，明确了中央与地方的全国统一税收分成比例，但省以下的税收分成比例尚未有明确界定，各省主要参照中央与地方分配比例、结合自身实际情况出台财政体制文件，形成了各省省以下政府间税收分成比例的差异性。由于省以下政府间税收分成数据较难获取，为克服数据缺失对学术研究的阻碍，学术界主要采用推算法（毛捷等，2018；吕冰洋等，2018）、数值测算法（周黎安、吴敏，2015；吕冰洋等，2021）、文件提取法（谢贞发等，2016；谢贞发等，2019）。其中，推算法，是指在依赖特定假设前提下，通过全国市县财政统计资料和全国规模以上工业调查数据，计算县级增值税和企业所得税等特定税种的分成比例，即县级政府的税收分成比例可以先推算县级政府分成之前的全部税收收入，用县级政府分成之后的税收收入除以分成之前的全部税收收入。数值测算法，是指根据全国市县财政统计资料（1998—2008年）计算出省本级、市本级关于增值税、营业税、企业所得税等不同税种的税收分成比例，但是到了县级层面，只能计算得到区、县合计的税收分成比例，无法算出每个县的税收分成比例；特别是，2009年以后，全部市县财政统计资料没有再公开出版，区、县合计数据也无法获得，仅能从《中国区域经济统计年鉴》等获得地市县级合计数。文件提取法，是指直接通过查阅各省份相关财政体制文件，获得省以下政府间税收分成比例，但数据的可获得性和有效性存在较大问题，县级层面的财政体制改革文件、税收分成相关数据公开力度有限、完整性也不好。同时，有学者通过推算法、数值测算法描述了政府间不同税种税收分成的特征事实，也通过文件比对法、决算报表核对法等检验了其有效性（周黎安、吴敏，2015；方红生等，2020；吕冰洋等，2021）。也有个别学者通过特别渠道获得全国基层税务机构的税收收入独特数据，通过测算县级政府与其上级的中央、省和市各级政府之间的税收分成比例，再次验证了数值测算法和推算法的合理有效性（吴敏等，2023）。

本章采用数值测算法测算和手工收取整理两种方法互相印证，系统描述不同税种在中央、省本级、地市县政府之间的分成比例，以确保数据的可靠性。基于增值税、营业税、企业所得税等重点税种纵横向可比性，包括区域可比性、时期可比性，大部分省份将增值税、营业税、企业所得税等重点税种作为省以下税收分成的共享税收收入。为了更好地观察各级政府长时期的税收分成分布情况，考虑到数据可得性（《全国市县财政统计资料》仅1998—2008年公开出版，2009年后只能从其他渠道获取地市县级合计税收数据），本书统一从《全国地市县财政统计资料》、《中国区域经济统计年鉴》、《中国税务年鉴》和中国研究数据服务平台（CNRDS）数据库整理匹配数据，分析2003—2016年各级政府增值税、营业税、企业所得税的分成比例。通过测算发现，作为我国最重要的主体税种之一，增值税的中央分享比例略高于75%的份额，省本级的分成比例稳定在7%左右，地市县级为17%~19%；2003—2008年，中央政府营业税分成比例维持在3%左右，省本级政府营业税分成比例在28%~38%，地市县级政府营业税分成比例在57%~68%；2003—2007年，中央政府企业所得税分成比例基本维持在69%~70%，省本级政府企业所得税分成比例逐年下降，地市县级政府企业所得税分成比例在22%~25%。此外，在不同的省份和省内的各个地级市之间，省本级政府的税收分成比例表现出明显的差异性，揭示了税收分成制度在不同地区之间存在显著差异。

税收分成实质上是不同层级政府之间的财权分配情况，特别是增值税、营业税、企业所得税等重要税种分成情况。也就是说，政府间税收收入划分关系的重要衡量指标是税收分成比例。其明显的一个优点是，在不同历史时期可以进行纵横向比较，刻画各级政府的税收分成事前激励，进而影响地方政府行为选择，从而对经济增长、行业结构、企业创新产生影响。同时，税收分成比例也是从定量角度描述各级政府之间的纵向财力变化和横向财力差距，为后面进一步研究税收分成的经济效应奠定基础。

2.2 税收分成指标

需要特别说明的是，本章是对现有文献研究的一个延续和补充，基于1994年以来中国省以下增值税、营业税、企业所得税的税收分成改革实践，在财政激励理论和方法指导下，深入探析税收分成激励与经济增长、工业行业结构、企业创新的关系，试图在理论和实证上进一步理解财政激励对中国经济增长动能的影响，为未来的税收分成改革提供理论指导。本章将增值税、营业税、企业所得税分成作为研究对象，主要基于以下几点原因。

2.2.1 地市级政府的税收分成指标

当前，学术界对省以下地市县级政府的税收分成比例指标计算，主要通过文件提取法、数值测算法等。其中，文件提取法可以反映各省内地市县间不同的税收分成比例。数值测算法计算公式如下：

各省的地市县级政府增值税分成比例=该省的地市县级政府增值税收入总和/该省税务部门组织的增值税收入总和 （2-1）

各省的地市县级政府营业税分成比例=该省的地市县级政府营业税收入总和/该省税务部门组织的营业税收入总和 （2-2）

各省的地市县级政府企业所得税分成比例=该省的地市县级政府企业所得税收入总和/该省税务部门组织的企业所得税收入总和 （2-3）

现有研究发现，采用文件提取法和数值测算法均有较好的地区与跨期变异性，但也有一定差异性。一是数值测算法可能受到其他制度因素干扰，准确性和客观性相对较弱。例如，对于税收收入中的不定比部分、定比部分，数值测算法可能无法完全分开，只能将其全部作为定比部分计算税收分成，可能导致测算结果同时包括共享收入部分和固定收入部分。同时，数值测算法可能使税收分成比例变化仅仅在各省份之间存在差异，因为，它的出发点是将各省的地市县级政府看作一个整体，也就是说，当年该省所有地市县级政府的税收分成比例都是相同的。此外，数值测算法可能受到各地区经济增长、行业结构等各年度其他因素的影响，如2004年出口退税负担机制改革引起当年增值税变动异常，导致不同地市县级政府税收收入的横向差别发生变化。二是文件提取法能直观地反映省以下政府间不同的税收分成情况。研究发现，文件提取法具有更好的外生性，因为这一指标是直接从文件的税收分成比例规定中提取的。它能有效地揭示在同一时间段内，各个省份政府之间在税收分成上的不同，即税收分成变化只存在于省际的差别。有学者指出，地市县级政府税收分成比例理论上应该是地市县级政府分得税收除以在当地实现的全部税收，而且各地市县级政府面临的税收分成比例会有所不同。但由于数据可得性，无法通过这个公式准确测算出来。文件提取法直接采取文件规定的各地市县级政府税收分成比例，能够较好地刻画同一改革时期各省不同市县的税收分成差异性。三是文件提取法具有更好的外生性。各省省以下财政体制改革通常是应对中央与地方政府财政体制改革的一种被动性调整，具有一定的外生性特征。各省省本级政府在财权上移中央政府的同时，依赖于集中省内税收收入保持本级财政的稳定性，地市县级政府的议价能力较弱，减少了地市县级税收分成变化的内生性干扰。数值测算法是根据各层级政府间的各项税收收入间接测算出来的，可能具有一定的内生性问题。四是文件提取法很难获得完整、全面的相关数据资料。由于我国地方政府信息公开力度不足，相关地方特别是县级财政数据还存在较多缺失，部分省份的省以下财政体制文件改革无法通过公开渠道获得，对采用文件提取法造成较大阻碍。总的来说，为检验文件提取法、数值测算法计算出的各项税收数据的准确性，通过比对相关财政决算报告、预算执行报告和各省财政体制文件发现，用数值测算法计算出的财政数据和相关公布报告中的数据基本一致（周黎安、吴敏，2015；吕冰洋等，2016），即通过间接测算法得出的各项税收收入数据结果是符合客观事实的。

2.2.2 县级政府的税收分成指标

当前，对于县级政府的税收分成指标主要是通过数值测算法获得的，而不能像地级市县政府一样从相关文件中直接获取。这是由于各省的省以下财政体制改革文件、财政预决算资料中并未进一步提及县级政府的税收分成比例情况。为此，只能通过数值测算法进行计算，得出县级政府增值税、营业税、企业所得税等各税种税收分成指标。计算公式如下：

某省内县级政府增值税分成比例=该省的县级政府增值税收入总和/该省税务部门组织的增值税收入总和　　（2-4）

某省内县级政府营业税分成比例=该省的县级政府营业税收入总和/该省税务部门组织的营业税收入总和　　（2-5）

某省内县级政府企业所得税分成比例=该省的县级政府企业所得税收入总和/该省税务部门组织的企业所得税收入总和　　（2-6）

当前，县级政府税收收入数据主要从《全国地市县财政统计资料》获得，但是该资料并未公开2008年之后的县级税收相关数据指标，因此，通过数值测算法仅能获得2008年前的县级政府税收分成比例数据，2008年之后的地市县级政府税收分成比例指标仅能通过《中国区域统计年鉴》等获得。本章在下述特征事实分析时，为了更好地观察较长时期以来增值税、营业税、企业所得税等各税种税收分成情况，采取了地市县级政府税收分成数据。

2.3 特征事实

2.3.1 数据来源及处理

我国各级政府间税收分成的特征描述，需要得到中央、省本级、市本级、区县级政府的增值税、营业税、企业所得税等收入数据。从数据来源看，中央政府的各项税收数据取自历年《中国统计年鉴》，市本级、区县级政府的各项税收数据取自历年《全国地市县财政统计资料》《中国区域经济统计年鉴》等。省本级政府的各项税收数据无法从公开年鉴中获得，参照周黎安等（2015）的做法，拟采用间接法，即用全省各项税收数据减去所有地级市区域加总的税收数据。其中，2001—2016年全省的各项税收数据取自《中国统计年鉴》《中国财政年鉴》，2001—2007年地级市政府税收数据取自《全国地市县财政统计资料》，2008—2016年地级市政府税收数据取自《中国区域经济统计年鉴》。特别是，相减之后，个别省本级数据出现负数情况，参照预决算报表和财政体制文件进行了调整。

为检验数值测算法计算出的各项税收数据的准确性，通过比对相关财政决算报告、预算执行报告和各省财政体制文件发现，用数值测算法计算出的财政数据和相关公布报告中的数据基本一致。例如，对于大多数省份来说（不包括上海、天津、重庆等），通过间接法计算得到的省本级一般预算收入与财政决算报告中的省本级一般预算收入基本一致，即通过省级财政数据与地级市财政数据相减得到的数据就是省本级财政数据，表明通过间接法计算是合理的。以河北省以下税收分成为例，通过计算得到的2003年省本级增值税占全部增值税的10%、营业税占全部增值税的19%，结果与河北财政体制文件中规定的增值税比例完全一致，与文件披露的营业税分享比例也较为接近。

2.3.2　各级政府间的税收分成比例变化情况

2.3.2.1　增值税

2003—2016年各级政府增值税分成情况如图2-1所示。从图2-1可以看出，除2004年外，2003—2012年各级政府的增值税分成比例跨年度之间变化不大，中央政府增值税分成比例维持在75%左右，省本级政府增值税分成比例维持在7%左右，地市县级政府增值税分成比例维持在17%~19%。特别是，2004年，省本级政府增值税分成比例异常（约11.5%），可能是由于出口退税负担机制改革，即为了建立中央和地方共同负担出口退税的新机制，中央决定从2004年开始以2003年出口退税实退数额为基数，对超基数部分的应退税额，由中央和地方按75：25的比例共同负担。从2012年开始，各级政府的增值税分成比例变化较大，总体呈中央政府分成比例逐年下降、省本级政府和地市县政府分成比例逐年上升的特征。可能原因是，从2012年开始，我国在上海、北京、江苏、安徽、福建、广东、天津、浙江、湖北9个省（直辖市）和3个计划单列市开展“营改增”试点，增值税分成比例在各级政府间发生变化。具体来看，2013—2016年，中央政府增值税分成比例由71%下降到55%左右，省本级政府增值税分成比例由8%上升到23%左右，地市县级政府增值税分成比例维持在15%~21%。

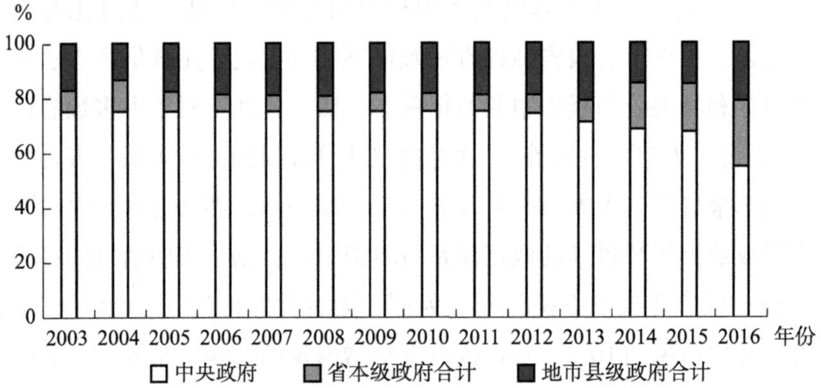

图 2-1　2003—2016 年各级政府增值税分成情况

2.3.2.2　营业税

2003—2016年各级政府营业税分成情况如图2-2所示。从图2-2可以看出，2003—2008年，各级政府的营业税分成比例跨年度之间变化不大，中央政府营业税分成比例维持在3%左右，省本级政府营业税分成比例维持在28%~38%，地市县级政府营业税分成比例维持在57%~68%。2009—2012年，各级政府营业税分成比例有所变化，中央政府税收分成比例下降，可能是由于国际金融危机后，宏观经济下行压力增大，国家出台了大量减税降费政策，旨在促进经济快速恢复。具体来看，在此期间，中央政府营业税分成比例降到1%~2%，省本级政府税收分成比例提高到30%~34%，地市县级政府营业税分成比例提高到63%~69%。自2012年“营改增”试点推广以来，地方营业税分成比例大幅上升，可能原因是国家明确规定在过渡期间保持现行财政体制基本稳定，如天津为平稳有序推进交通运输业和部分现代服务业试点工作，原归属天津市本级及区县财政的营业税收入改征增值税后税款单独标记、分别入库，收入仍按照营业税分享办法分别归属市本级和区县财政。具体来看，在此期间，中央政府营业税分成比例持续下降（2014年、2015年仅分别有0.5%、0.8%），省本级政府营业税分成比例由2013年的29%上升至2016年的56%左右，地市县级政府营业税分成比例由2013年的69%下降至2016年的42%左右。

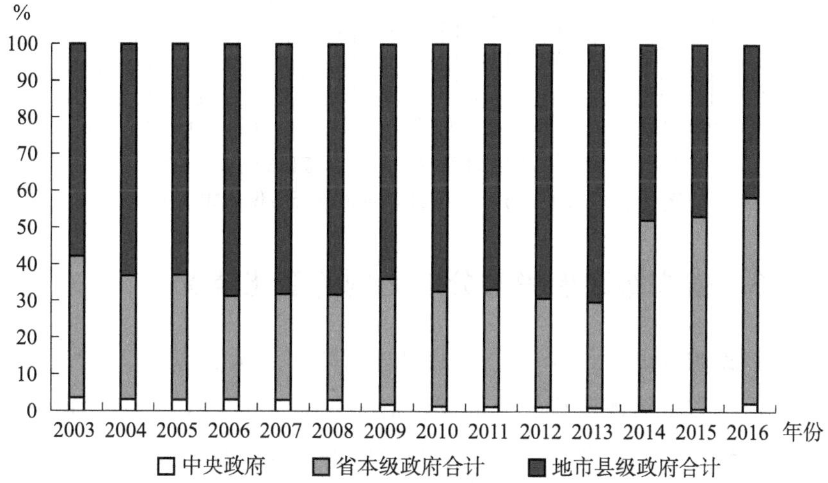

图2-2　2003—2016年各级政府营业税分成情况

2.3.2.3　企业所得税

2003—2016年各级政府企业所得税分成情况如图2-3所示。从图2-3可以看出，2003—2007年，中央政府企业所得税分成比例基本维持在69%~70%，省本级政府企业所得税分成比例逐年下降（由10%下降至4%左右），地市县级政府企业所得税分成比例维持在22%~25%。2008年，企业所得税又进行了一次重大改革，明确实行两个并行的税率（15%和25%税率档），导致税收分成比例适当下移，中央政府税收分成比例有所下降，地方政府税收分成比例有所提高。具体来看，2008—2016年，中央政府企业所得税分成比例下降至67%~69%，省本级政府企业所得税分成比例提高至11%~19%，地市县级政府企业所得税分成比例提高至12%~21%。

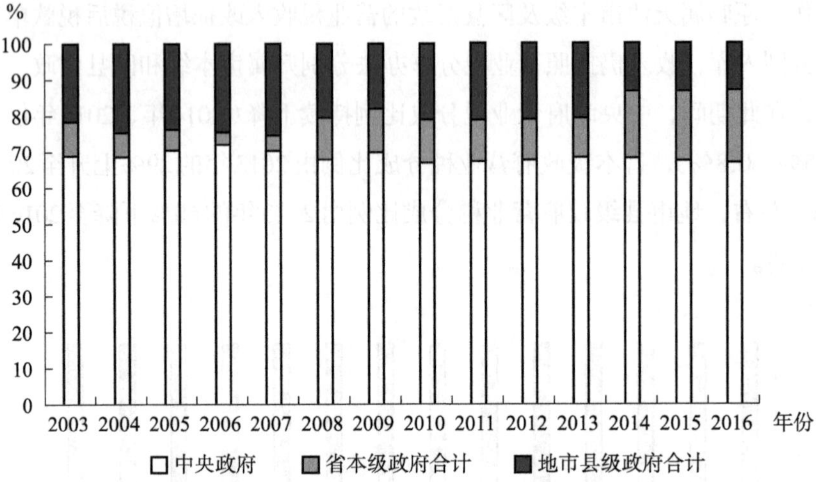

图 2-3　2003—2016 年各级政府企业所得税分成情况

2.3.3　省本级政府税收分成比例的变化情况

由于数据缺失，剔除了北京、上海、天津、重庆、海南、辽宁等省份，其余各省份的省本级政府税收分成变化情况如图 2-4 所示，包括 2003—2015 年各省省本级政府增值税、营业税、企业所得税的税收分成变化情况。可以看到，各省的省本级政府增值税与营业税、企业所得税分享比例之间不存在明显的替代关系，基本呈同方向的变化趋势。此外，在不同的年份，省本级政府增值税分成比例变化较小，而营业税、企业所得税分成比例的变化较大。

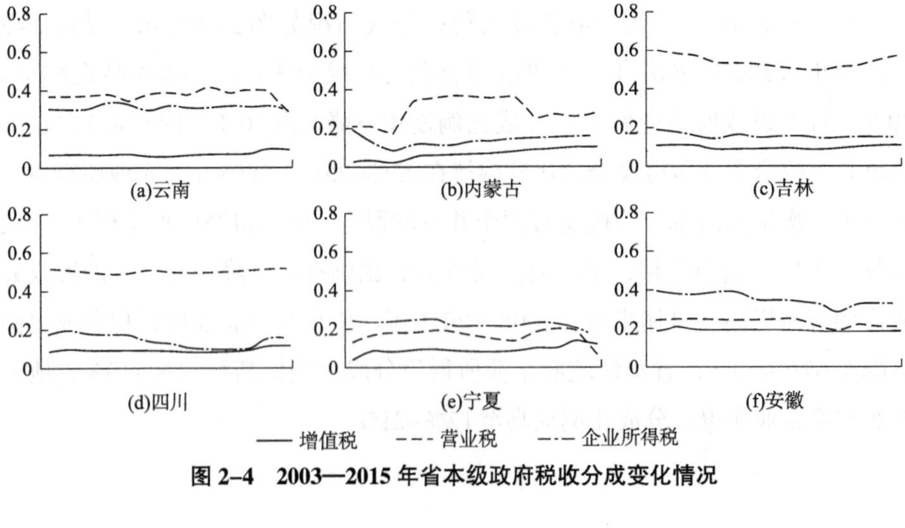

图 2-4　2003—2015 年省本级政府税收分成变化情况

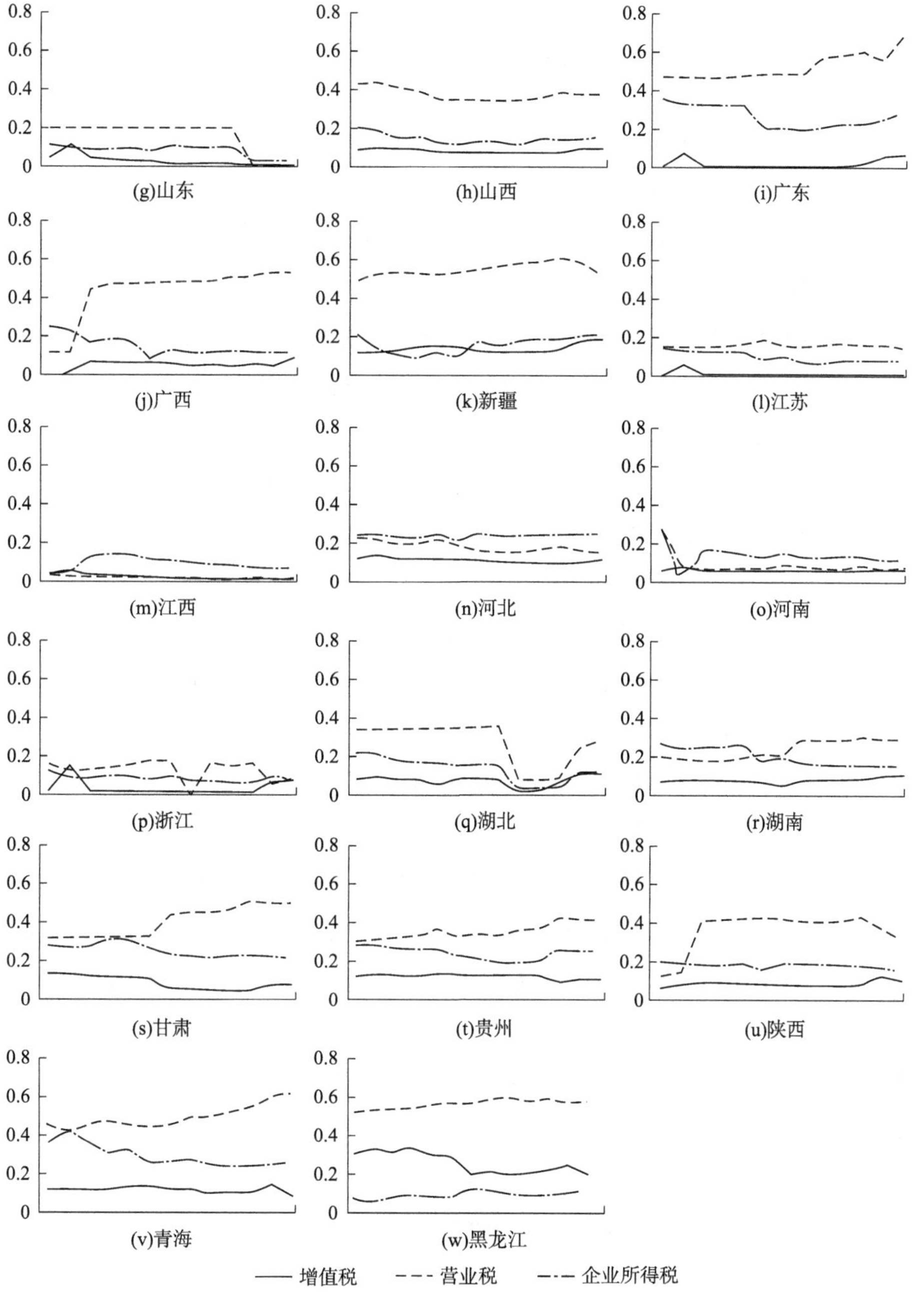

图 2-4　2003—2015 年省本级政府税收分成变化情况（续）

2.3.4 税收分成比例均值的变化情况

上述数值测算法通过公式计算出各级政府间增值税、营业税、企业所得税等税收分成比例情况，为了更好地观察税收分成比例的均值变化情况，本节将从中央与地方、省级层面、地市县级层面分析增值税、营业税、企业所得税等税收分成比例均值变化趋势。

一是中央与地方政府间税收分成情况。考虑数据可比性，这里的省级层面税收分成是指全国31个省级行政区（去掉4个直辖市、5个计划单列市）税收分成比例的均值。如图2–5所示，中央与地方政府的增值税分成均值比例在一定年度保持基本稳定。2001—2012年，中央政府增值税分成比例的均值保持在80%左右，地方政府保持在20%左右，之所以略高于我们通常所说的75%，可能是因为海关代征的增值税等划入了中央政府的固定收入。2012—2016年，中央政府的增值税分成比例均值逐步下降（由80%下降至65%左右），地方政府增值税分成比例均值相应地逐步上升（由20%上升至35%左右），这可能是因为2012年以来我国开始在上海、北京、重庆、江苏等重点省份推行“营改增”试点，逐步提高了增值税中地方政府分成占比。如图2–6所示，中央与地方政府的营业税分成比例均值在一定年度保持基本稳定。2003—2008年，中央政府营业税分成比例的均值基本保持在3%~4%，地方政府保持在96%~97%。2009—2016年，中央政府营业税分成比例的均值持续下降（1%左右），这可能是因为2008年国际金融危机后中央为刺激经济恢复增长的一系列减税政策以及2012年“营改增”试点逐步取消营业税。如图2–7所示，中央与地方政府的企业所得税分成比例均值在一定年度内保持基本稳定。2003—2012年，中央政府企业所得税分成比例的均值基本保持在67%~69%，地方政府企业所得税分成比例的均值基本保持在31%~33%，这可能是因为2002年和2008年所得税改革后企业所得税的中央与地方政府分成基本稳定。

二是省级政府税收分成情况。考虑数据可得性和可比性，这里的省级层面税收分成是指全国31个省级行政区（去掉4个直辖市、5个计划单列市）税收分成比例的均值。如图2–8所示，平均而言，省级层面的增值税、营业税和企业所得税等税收分成比例的均值总体变化不大。2003—2016年，省级层面增值税分成比例的均值保持在28%左右，营业税分成比例的均值保持在30%左右，企业所得税分成比例的均值保持在30%左右，表明在省级层面的税收分成比例均值趋势基本保持稳定。

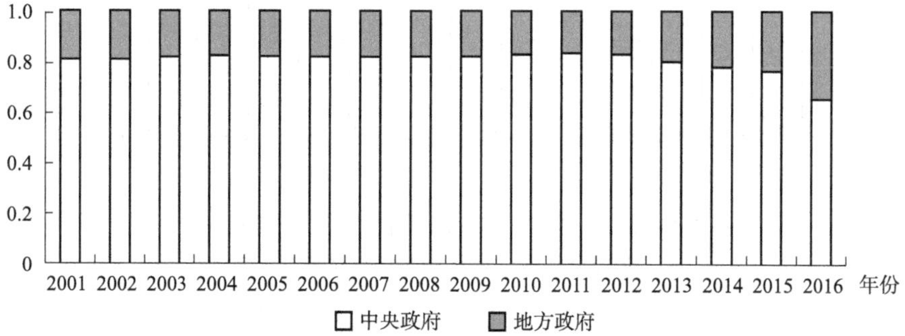

图 2-5　2001—2016 年中央与地方政府的增值税分成比例均值趋势变化

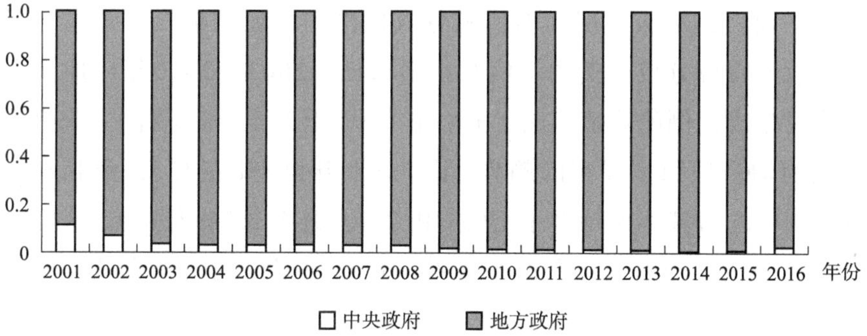

图 2-6　2001—2016 年中央与地方政府的营业税分成比例均值趋势变化

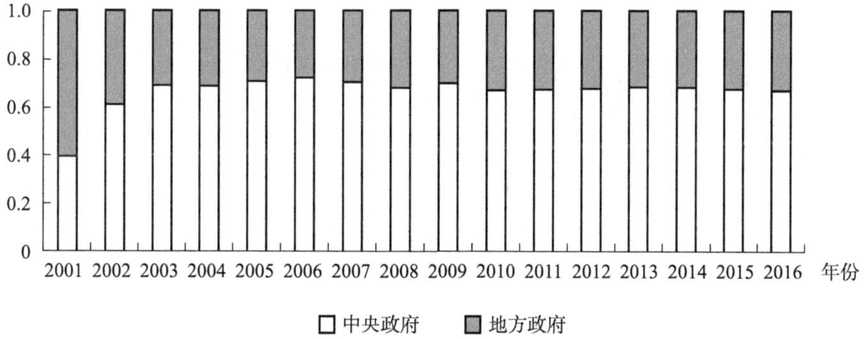

图 2-7　2001—2016 年中央与地方政府的企业所得税分成比例均值趋势变化

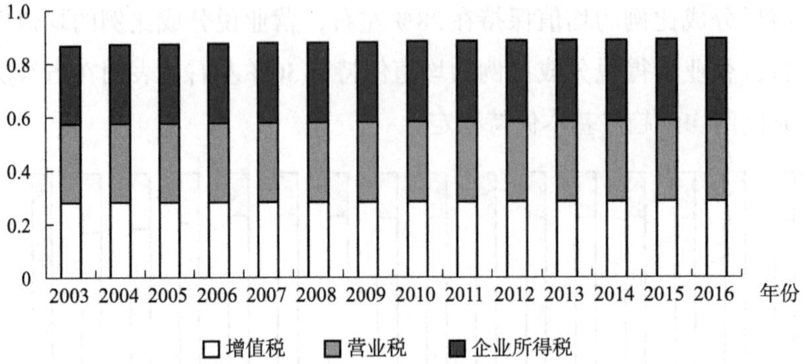

图 2-8　2003—2016 年省级层面的增值税、营业税、企业所得税分成比例均值趋势变化

三是地级市政府税收分成情况。考虑数据可得性和可比性，这里的地级市税收分成是指全国284个城市税收分成比例的均值。如图2-9所示，平均而言，地级市层面增值税分成比例的均值增幅较为明显，营业税和企业所得税分成比例的均值有小幅增长。2003—2016年，地级市层面增值税分成比例的均值不断上升（由1.3%上升至3%左右），营业税分成比例的均值呈稳步提高的趋势（由7%上升至8%左右），企业所得税分成比例的均值基本保持微小增幅（由2%上升至2.7%左右），从历次以税收分成为核心的财政体制改革来看，地级市层面税收分成呈稳步增长趋势。

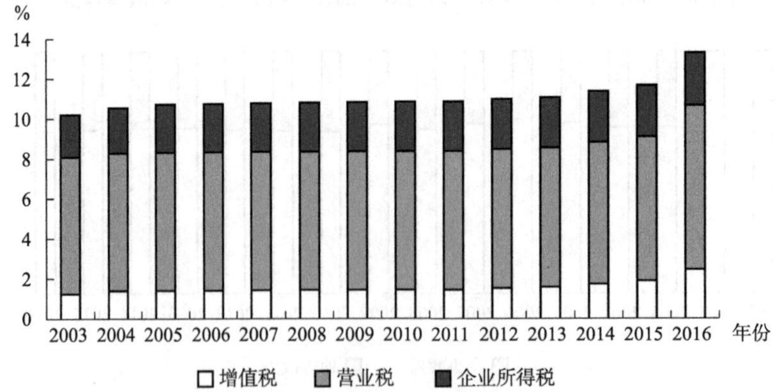

图 2-9　2003—2016 年地级市层面的增值税、营业税、企业所得税分成比例均值趋势变化

2.4　本章小结与启示

刻画和描述各级政府间税收分成的特征事实，是完善省以下财政体制的重要内容。本章通过数值测算法和手工收取整理两种方法互相印证，描述了中央、省本级、地市县级政府之间的不同税收分成情况。研究发现，除2004年以外，2003—2012年，各级政府的增值税分成比例跨年度之间变化不大，增值税的中央政府的分成比例略高于75%的份额，省本级政府的分成比例稳定在7%左右，地市县级政府的分成比例为17%~19%。营业税在2008年国际金融危机前后、2012年“营改增”试点前后有所变化。2003—2008年，中央政府营业税分成比例维持在3%左右，省本级政府营业税分成比例维持在28%~38%，地市县级政府营业税分成比例维持在57%~68%；2009—2012年，中央政府营业税分成比例降到1%~2%，省本级政府营业税分成比例提高到30%~34%，地市县级政府营业税分成比例提高到63%~69%；自2012年“营改增”试点推广以来，中央政府营业税分成比例持续下降（2014年、2015年仅分别有0.5%、0.8%），省本级政府营业税分成比例由2013年的29%上升至2016年的56%左右，地市县级营业税分成比例由2013年的69%下降至2016年的42%左右。企业所得税也在2008年企业所得税改革前后有所变化。2003—2007年，中央政府企业所得税分成比例基本维持在69%~70%，省本级政府企业所得税分成比例逐年下降，地市县级政府企业所得税分成比例维持在22%~25%；2008—2016年，中央政府企业所得税分成比例下降至67%~69%，省本级政府企业所得税分成比例提高至11%~19%，地市县级政府企业所得税分成比例提高至12%~21%。此外，发现不同省份和同省份不同地区之间的税收分成情况差异较大，总体呈现财权上移、事权下移的特征，并且在省以下税收分成中向基层政府倾斜。

基于本章的结论可以引申出如下政策含义。一是为今后省以下政府间税收分成比例的调整提供参考和借鉴。1994年分税制改革以来，省以下政府间税收分成关系未形成统一比例，尽管2002年和2008年的所得税改革、2012年和2016年的“营改增”试点实行及全面推广，以及2022年出台的《国务院关于进一步推进省以下财政体制改革工作的指导意见》，对各级政府间财政关系厘清有一定作用，但省本级、地市县级政府的税收分成比例仍然是各方关注的重点。为此，本章研究结论有助于中央和各级政府把握省以下政府间税收分成的基本特征事实，为今后调整省以下政府间财政关系提供参考依据。二是财政从纵横向激励与多方平衡是上级政府面临的重要议题。上级政府在制定税收分成政策措施时，需要考虑如何才能激励下级政府更好地履行相关职能职责，也需要考虑在给予特殊地方额外财政激励的同时，平衡不同地方之间的利益。为此，不仅量化各级政府税收分成比例为研究省以下各级政府间财政关系提供了很好的切入点，而且税收分成作为度量省以下财政分权的重要指标，具有现实意义和理论指导意义，为后续的相关研究奠定了重要的基础。三是省以下政府的财政信息公开内容、公开范围、公开质量有待提升。当前，省以下政府的财政预算、财政决算等公开力度还有待加大，数据口径一致性和完整性还不足，特别是不同地方的财政数据公布科目、公布形式、公布口径存在一定差异，不利于财政税收领域的学术研究。为此，建议进一步加大财政信息公开力度，制定统一的数据公开规则和制度，在公开范围、公开格式、统计口径等方面保持规范性、科学性和统一性，建立政府部门预算、决算财政信息公开数据库和共享平台。

第3章　税收分成的宏观效应：经济增长

3.1　问题的提出

分税制是推动经济增长的重要制度因素。税收分成是分税制改革的核心内容，通过调整政府间财政分配关系影响地方政府行为决策，进而作用于地方经济增长。改革开放以来，中国经济呈高速增长态势（年均增速约10%）。2023年，中国经济总量占全球比重超过19%，成为世界第二大经济体。但是，经济高速增长带来了一系列负面效果，在一定程度上制约了地方经济高质量发展。党的二十大报告明确提出，加快构建新发展格局，着力推动高质量发展。为此，尽管多年来在经济总量增长方面取得了显著成果，但是随着进入新发展阶段，中国开始更加关注经济增长的质量和稳定性。在这一过程中，作为政府间财政分配关系重要内容的税收分成制度，在促进经济增长方面始终发挥着重要作用。为此，研究税收分成是否影响经济增长，如何影响经济增长，以及从优化政府间税收分成关系的角度探究促进经济增长的可能性，在推进中国式现代化背景下具有重要意义。

现有文献对税收分成与经济增长的作用关系进行了一定研究。有学者认为，税收分成激励对经济增长具有明显促进作用（储德银等，2020；詹新宇等，2021；詹新宇等，2022；宋丽颖等，2022），财政金融、减税降费等政策支持企业发展形成经济增长的微观基础（沈坤荣、付文林，2005；张晏、龚六堂，2005；王文剑等，2008；方红生等，2014）。也有学者认为，税收分成提高，客观上抑制了全要素生产率的提高，对经济增长作用不明显（Davoodi and Zou，1998；薛钢等，2022）。由此可知，现有文献对税收分成与经济增长的研究有一定进展，但从研究结论来看并没有形成一致性，特别是现有文献更多集中于财政分权对经济增长的影响，而真正探讨高质量发展背景下税收分成激励对地方经济增长影响的还不多。

分税制改革后，中央与地方政府的财政分配关系得以明确，但省以下政府间收入关系划分以及由此带来的税收分成激励效应一直是学术界关注的重点。中央和地方政府间实行以分成合同为主的税收分成体制，省以下财政收入划分也基本以分成合同为主。作为政府间财政分配的核心，税收分成合同的设计不仅关乎不同层级政府的财权、财力，还是影响政府行为的重要激励制度安排。本章基于中国地市级政府税收弹性分成的典型事实，探究增值税、营业税、企业所得税分成比例是否会影响经济增长以及如何影响经济增长的问题，对于更好解释经济增长的动力源泉和制度诱因，理解中国财政体制改革与经济增长的逻辑关系具有重要价值。为此，本章深入探讨税收分成与经济增长的理论逻辑与作用机理，实证检验增值税分成、营业税分成、企业所得税分成激励对地方经济增长的影响。

3.2 理论分析

税收分成作为政府间重要的财政激励制度，通过激励地方政府行为选择，作用于地方经济。一般地，共享税收收入在政府间按一定比例分配，中央和省级、地市级、县级政府的预期分配比例可能会影响其行为决策，并通过市场传导进一步影响地方经济运行（吕冰洋等，2021）。分税制改革确立了中央与地方政府之间的税收分成比例，但对省以下政府间税收分成未做明确规定，导致各省的省以下税收分成比例差异性，同时形成了富有弹性的税收分成合同（吕冰洋、聂辉华，2014）。具体来看，地市县级政府与省级政府之间的税收分成比例类似于契约合同，分成比例提高可以激发代理人工作积极性，也就是当地市县级政府税收分成比例提高时，会形成更大的财政激励，地方会有更大积极性扩大相应税源（张孝蔚等，2022）。为此，这种财政激励在促进税基增长的同时，会改变地方政府行为选择，如可能会通过改变财政支出结构，将更多资源分配到相对能产生直接效益的领域。

财政支出结构反映了地方政府投入方向和重点，是政府宏观经济调控的重要工具和手段。为平衡地方财政收支压力，追求地方财政收入增长，地市县级政府财政支出更加偏向于生产建设领域，而相对忽视公共民生领域支出，并且这种支出偏向无法在经济运行的过程中自动纠正（傅勇等，2007）。税收分成对地方经济增长的影响主要以经济性财政支出、社会性财政支出等地方财政支出结构为传导机制。税收分成激励的税基保护效应，使得地方政府更加偏向能够带动经济增长的经济性财政支出，而对于科教文卫等社会性财政支出可能开展“逐底竞争”（余泳泽等，2020）。众所周知，经济性支出的增加重点在于加快基础设施领域建设，推动相关税源产业快速发展，在短期内对促进地方经济增长有明显效果。另外，加强政府收支预算约束的重点内容是实施财政收支总额控制。特别是，在当前基层政府财政收支缺口扩大背景下，控制财政支出总额，硬化预算约束，是必然选择。也就是说，在地方财政支出总额控制下，地方政府更多依靠财政支出结构实现决策目标，即相对增减经济性支出、社会性支出。众所周知，社会性财政支出涉及教育、医疗、社会保障、文化体育等公共服务领域，投资周期长、经济效益相对不高，但是长期来看对保持经济稳定性和持续性起到重要作用，政府在追求短期政绩条件下可能会选择减少社会性支出，增加经济性支出，以提高当地税源收入，促进当地经济增长。为此，提出研究假设如下。

H_1：税收分成增加会促使地方政府通过调整财政支出结构，加大向经济性财政支出领域倾斜力度，从而影响当地经济增长。

3.3 研究设计

3.3.1 模型设定

为了检验税收分成对经济增长的影响，本章研究设定的计量模型如下：

$$\ln GDP_{it}=\beta_0+\beta_n tax_{itn}+\beta_k X_{itk}+\mu_i+v_t+\varepsilon_{it} \tag{3-1}$$

其中，被解释变量$\ln GDP_{it}$为i城市t年的经济增长水平；tax_{itn}表示i城市t年的税收分成比例，分别代表地方增值税分成（tax_{it1}）、营业税分成（tax_{it2}）、企业所得税分成（tax_{it3}）；X_{itk}为一系列影响经济增长的地方特征变量集合；μ_i为地方固定效应，以控制不可观测的地区间差异的影响；ν_t为时间固定效应；ε_{it}为随机扰动项。

3.3.2 变量说明

3.3.2.1 被解释变量

本书的被解释变量是指地级市层面的经济增长。对于地级市层面经济增长指标，现有文献多用地区人均GDP、GDP增长率、夜间灯光亮度等来衡量。基于上述理论模型和研究假设，为了更好地考察税收分成与经济增长的逻辑关系和影响效应，参照干春晖等（2011）的研究，本章将各地级市各年份GDP增长率作为经济增长的衡量指标。

3.3.2.2 核心解释变量

借鉴吕冰洋等（2016）、储德银和张鹭月（2023）的做法，本章的核心解释变量分别为地方增值税分成（tax_{it1}）、营业税分成（tax_{it2}）、企业所得税分成（tax_{it3}），并取对数。增值税、营业税、企业所得税是我国最主要的税收来源。它们的税收分成政策的调整不仅揭示了省级以下地区税收分成的基本结构，还表现出对地区产业结构变化的显著敏感性。参照吕冰洋等（2016）的测算方法：

地级市政府的增值税分成（tax_{it1}）=地级市政府的增值税收入总和/省级税务部门组织的增值税收入总和

地级市政府的营业税分成（tax_{it2}）=地级市政府的营业税收入总和/省级税务部门组织的营业税收入总和

地级市政府的企业所得税分成（tax_{it3}）=地级市政府的企业所得税收入总和/省级税务部门组织的企业所得税收入总和

值得注意的是，地级市需去除5个计划单列市和4个直辖市，且不含西藏自治区，共计284个城市。营业税的缴纳覆盖了多个行业，包括但不限于建筑、交通运输、邮政通信、文化和体育、金融和保险、娱乐以及其他服务业。

2016年4月30日，“营改增”全面完成，营业税取消。

3.3.2.3　控制变量

本章选择的控制变量包括产业结构、人口、城乡发展差距、消费水平、政府规模等。具体来看，人口密度（*pup*），采用每平方千米的人口数量衡量，并进行标准化处理，以消除量纲影响；城乡发展差距（*gur*），采用城镇可支配收入与乡村可支配收入之差的倒数衡量；消费率（*con_ p*），采用社会消费品实际零售总额占实际GDP的比重来衡量；政府规模（*gov*），采用财政支出占GDP的比重表示。参考干春晖等（2011）的研究，产业结构指标采用产业结构合理化（*tl*）、产业结构高级化（*sup*）两个维度衡量。其中，参照吴敬琏（2008）等的研究，产业结构高级化（*sup*）采用第三产业产值与第二产业产值的比值度量。如果产业结构高级化（*sup*）的值处于上升状态，则意味着经济在向服务化的方向推进，产业结构在逐步升级。根据泰尔指数（Theil and Henri，1967），结合研究实际，采用公式（3-2）度量产业结构合理性。

$$tl = \sum_{i=1}^{n}\left(\frac{Y_i}{Y}\right)\ln\left(\frac{Y_i}{L_i}\Big/\frac{Y}{L}\right) \tag{3-2}$$

其中，tl表示产业结构偏离度，Y表示产值，L表示就业，i表示产业，n表示产业部门数。根据古典经济学假设，经济最终处于均衡状态，各产业部门生产率水平相同。由此$\frac{Y}{L}$即表示生产率，当经济处于均衡状态时，$\frac{Y_i}{L_i}\Big/\frac{Y}{L}$，则有$tl$=0；同时，$\frac{Y_i}{Y}$表示产出结构，$\frac{Y_i}{L}$表示就业结构，因此$tl$也是产业结构和就业结构耦合性的反应。如果$tl$不等于零，则表示经济偏离了均衡状态，并且$tl$越大，产业结构越不合理。

3.3.3　数据来源

本书基于2000—2016年中国284个地级市的面板数据，实证考察税收分成变动对地区经济增长的影响效应。其中，税收收入数据主要取自《全国地市县财政统计资料》、《中国城市统计年鉴》、《中国税务年鉴》和CNRDS数据库；被解释变量、控制变量等指标数据主要来源于《中国城市统计年鉴》、《中国城市和产业创新力报告》、CEIC数据库、中经网统计数据库等。本书剔除了有些年份的相关缺失值，并对主要连续变量进行1%和99%水平的缩尾处理，共计包含225个地级市，总样本量3825个；实际GDP以2000年为基期，部分缺失值使用线性插值补齐，对于补值为负数或其他与现实不符之数（如占GDP比重大于1），取相近年份数值代替。描述性统计见表3-1。

表3-1 描述性统计

变量	样本量	平均值	标准差	最小值	最大值
$\ln GDP$	3600	0.1398	0.0890	−0.3744	0.9327
tax_{it1}	3825	0.0736	0.0913	0.0000	0.8869
tax_{it2}	3825	0.0782	0.1237	0.0000	1.8790
tax_{it3}	3825	0.0687	0.1108	0.0004	2.8670
tl	3825	−0.2684	0.2141	−1.5757	0.0801
sup	3825	0.8186	0.3604	0.2123	3.1070
gur	3825	0.3693	0.0531	0.2203	0.5315
pup	3825	0.0005	0.0004	0.0000	0.0116
con_p	3825	0.1905	0.0920	0.0278	0.6114
gov	3825	0.1229	0.0746	0.0013	0.6876
efp	1502	0.0807	0.0717	0.0000	0.6156
mfp	1574	0.1159	0.0382	0.0114	0.2952

3.4 实证结果分析

3.4.1 基准回归结果

税收分成与地级市层面经济增长的基准回归结果如表3-2所示。采用逐步回归的方法，列（1）至列（2），核心解释变量地方增值税分成（tax_{it1}）估计系数在1%水平上显著，并且在加入控制变量、控制时间固定效应和个体固定效应后，结果依然显著，即增值税分成每下移1个百分点，地方经济增长将提高0.0432个百分点，表示地方增值税分成比例提高能够促进地方经济增长。列（3）

至 列（4）核心解释变量地方营业税分成（tax_{it2}）估计系数在5%水平上显著，并且在加入控制变量、控制时间固定效应和个体固定效应后，结果在1%水平上显著，即营业税分成每下移1个百分点，地方经济增长将提高0.0356个百分点，表示地方增值税分成比例提高能够促进地方经济增长。列（5）至列（6），核心解释变量地方企业所得税分成（tax_{it3}）估计系数在5%水平上显著，并且在加入控制变量、控制时间固定效应和个体固定效应后，结果在1%水平上显著；即增值税分成每下移1个百分点，地方经济增长将提高0.04个百分点，即地方增值税分成比例提高能够促进地方经济增长。列（7）地方增值税分成（tax_{it1}）、地方营业税分成（tax_{it2}）、地方企业所得税分成（tax_{it3}）等核心解释变量，在加入控制变量、控制时间固定效应和个体固定效应后，估计系数在1%水平上显著，表示增值税、地方营业税、地方企业所得税分成下移，均能促进地方经济增长。

从控制变量的回归系数来看，产业结构的两个维度，即产业结构合理化（*tl*）、产业结构高级化（*sup*）的估计系数均在1%以上水平显著，表明产业结构的不断优化，对地方经济增长有显著正向影响。城乡发展差距（*gur*）的估计系数均在1%水平上显著，并且是显著负向影响，表明城乡发展差距的扩大，不利于地方经济增长。人口密度（*pup*）的估计系数均在1%水平上显著，表明人口密度增大对经济增长有显著促进作用，这可能是较高的人口密度通常会带来更大的市场需求，以及随着城市化工业化推进，有利于促进地方经济增长。消费率（con_p）的估计系数均在1%水平上显著，表明消费率提高对经济增长有显著促进作用，充分体现了消费作为经济增长“三驾马车”的带动作用。政府规模（*gov*）的估计系数不显著，对地方经济增长没有明显作用。

表 3–2　税收分成与地级市层面经济增长的基准回归结果

变量	（1）	（2）	（3）	（4）	（5）	（6）	（7）
	ln *GDP*	ln *GDP*	ln *GDP*	ln *GDP*	ln *GDP*	ln *GDP*	ln *GDP*
tax_{it1}	0.0464^{***}	0.0432^{*}					0.1197^{***}
	（2.96）	（1.93）					（2.74）
tax_{it2}			0.0286^{**}	0.0356^{***}			0.0793^{***}
			（2.44）	（2.69）			（2.62）

续表

变量	(1)	(2)	(3)	(4)	(5)	(6)	(7)
	ln *GDP*	ln *GDP*	ln *GDP*	ln *GDP*	ln *GDP*	ln *GDP*	ln *GDP*
tax_{it3}					0.0259**	0.0400***	0.0062***
					(2.35)	(3.25)	(3.25)
tl		0.0195**		0.0188**		0.0188**	0.0136*
		(2.44)		(2.49)		(2.51)	(1.67)
sup		−0.0562***		−0.0578***		−0.0576***	−0.0604***
		(−10.50)		(−10.62)		(−10.66)	(−11.14)
gur		−0.3504***		−0.3374***		−0.3423***	−0.3604***
		(−11.52)		(−11.47)		(−11.68)	(−11.91)
pup		1.2809***		1.1514***		1.0842***	1.632***
		(0.29)		(0.26)		(0.25)	(0.39)
con_p		0.1454***		0.1421***		0.1434***	0.1463***
		(7.08)		(6.89)		(6.96)	(7.16)
gov		0.0255		0.0223		0.025	0.0304
		(1.10)		(0.96)		(1.08)	(1.30)
常数项	0.1365***	0.2865***	0.1376***	0.2842***	0.1380***	0.2853***	0.3182***
	(73.79)	(18.78)	(76.91)	(18.90)	(80.67)	(19.06)	(17.98)
时间固定效应	是	是	是	是	是	是	是
城市固定效应	是	是	是	是	是	是	是
N	3600	3600	3600	3600	3600	3600	3600
R^2	0.002	0.101	0.001	0.101	0.001	0.101	0.107

注：*、** 和 *** 分别为 10%、5% 和 1% 的显著性水平；括号内为稳健标准误。

3.4.2 稳健性检验

上述基准回归结论可能受到内生性问题的影响。为此，本书分别采用更换被解释变量、调整样本周期等方法进行稳健性检验，结果表明基准回归结论是稳健的。

3.4.2.1 更换被解释变量

借鉴陈思霞等（2017）的研究，采用实际人均GDP和实际人均GDP占全国的比重替代GDP增长率，结果如表3-3所示。从表3-3的列（1）至列（6）

可以看出，地方增值税分成、营业税分成、企业所得税分成等核心解释变量的估计系数均在1%水平上显著，对地方经济增长具有正向促进作用，进一步验证了基准回归结论的稳健性。也就是说，将基准回归的被解释变量（地方GDP增长率）替换为实际人均GDP、实际人均GDP占全国的比重，回归结果是显著的，且产生正向影响，即地方增值税分成、营业税分成、企业所得税分成的提高，对地方实际人均GDP、实际人均GDP占全国的比重具有显著正向促进作用。

表 3–3　更换被解释变量的稳健性检验

变量	更换被解释变量					
	实际人均GDP			实际人均GDP 占全国比重		
	（1）	（2）	（3）	（4）	（5）	（6）
tax_{it1}	3.4257*** （8.75）			1.5044*** （6.35）		
tax_{it2}		1.6812*** （5.09）			1.2930*** （4.37）	
tax_{it3}			2.1453*** （3.77）			1.4851*** （3.68）
tl	2.2988*** （19.33）	2.4919*** （19.67）	2.4570*** （18.25）	0.5238*** （10.26）	0.5159*** （10.27）	0.5133*** （8.75）
sup	0.2998*** （3.98）	0.2521*** （3.13）	0.2505*** （3.13）	−0.0302 （−1.05）	−0.0838** （−2.29）	−0.0773** （−2.13）
gur	0.0430*** （9.13）	0.0435*** （8.66）	0.0432*** （8.83）	0.0103*** （7.57）	0.0100*** （6.82）	0.0099*** （7.09）
pup	524.3436*** （4.19）	560.2809*** （4.08）	550.4065*** （4.10）	77.0178* （1.70）	79.9597* （1.78）	76.1130* （1.71）
con_p	−11.6995*** （−22.98）	−11.5936*** （−22.68）	−11.5459*** （−22.75）	−1.0150*** （−5.57）	−1.1082*** （−6.77）	−1.0427*** （−6.14）
gov	−4.7268*** （−10.00）	−4.8897*** （−10.00）	−4.7135*** （−9.76）	−1.3480*** （−6.34）	−1.4187*** （−6.87）	−1.2969*** （−5.89）
常数项	4.6875*** （26.73）	4.8799*** （26.24）	4.8312*** （26.28）	0.8474*** （12.83）	0.9252*** （14.96）	0.8931*** （13.99）
N	3825	3825	3825	3825	3825	3825
R^2	0.564	0.556	0.558	0.184	0.19	0.192

注：*、** 和 *** 分别为 10%、5% 和 1% 的显著性水平；括号内为稳健标准误。

3.4.2.2 调整样本周期

为避免2002年所得税改革和2008年国际金融危机冲击后的财政税收政策、经济形势变化等对本书的估计结果产生影响，剔除了2008年之后的年份样本，选取的样本期为2002—2007年，再对地方增值税、地方营业税、地方企业所得税分成比例与经济增长进行回归，结果如表3-4的列（1）至列（3）所示，可以看出地方增值税分成的估计系数在5%水平上显著，地方营业税分成、地方企业所得税分成的估计系数均在1%水平上显著，表明调整样本周期后税收分成对地方经济增长仍然有显著正向影响，与基准回归结果基本一致。

3.4.2.3 剔除省会城市

由于省会城市在资源要素、政策倾斜、人力资本、综合实力等方面具有天然优势，与一般地级市存在较大差距，基准回归的样本中包含省会城市，可能会导致税收分成激励作用减弱，使省会城市的经济增长受税收分成的影响较小。为此，在剔除省会城市后再次进行回归，结果如表3-4的列（4）至列（6）所示。可以发现，地方增值税分成、地方营业税分成、地方企业所得税分成均在1%的水平上显著，比例的系数符号和显著性没有较大变化，但是比基准回归结果的系数稍大，证实了省会城市经济增长受税收分成影响较小的猜测，也进一步验证了基准回归结论的稳健性。

表3-4 调整样本周期和剔除省会城市的稳健性检验

变量	调整样本周期			剔除省会城市		
	2002—2007年			非省会城市		
	(1)	(2)	(3)	(4)	(5)	(6)
tax_{it1}	0.0717** (2.12)			3.6396*** (5.07)		
tax_{it2}		0.0819*** (3.94)			6.4801*** (4.19)	
tax_{it3}			0.0504*** (3.03)			5.7050*** (4.42)
tl	0.0245* (1.81)	0.0215* (1.67)	0.0263** (2.04)	0.5154*** (9.23)	0.4014*** (7.17)	0.4332*** (8.49)

续表

变量	调整样本周期			剔除省会城市		
	2002—2007 年			非省会城市		
	（1）	（2）	（3）	（4）	（5）	（6）
sup	−0.0710*** （−7.64）	−0.0744*** （−7.96）	−0.0726*** （−7.74）	0.0929*** （2.70）	−0.0596 （−1.64）	−0.0025 （−0.08）
gur	0.0020* （1.80）	0.0012 （1.15）	0.0021* （1.91）	0.0120*** （5.95）	0.0095*** （3.85）	0.0100*** （5.15）
pup	−3.384 （−0.39）	−2.8512 （−0.34）	−2.943 （−0.34）	108.6795* （1.77）	42.3825 （1.13）	88.6672* （1.75）
con_p	−0.0918*** （−2.63）	−0.1058*** （−3.04）	−0.0894*** （−2.62）	−0.7367*** （−2.96）	−0.7622*** （−3.28）	−0.8231*** （−3.70）
gov	0.5698*** （10.80）	0.5758*** （10.98）	0.5755*** （10.88）	−0.8870*** （−3.36）	−0.9280*** （−3.68）	−0.6182** （−2.03）
常数项	0.1966*** （15.63）	0.2004*** （15.59）	0.1988*** （15.53）	0.5246*** （4.24）	0.5540*** （4.36）	0.5250*** （4.09）
N	1350	1350	1350	3200	3200	3200
R^2	0.169	0.175	0.169	0.226	0.299	0.28

注：*、** 和 *** 分别为 10%、5% 和 1% 的显著性水平；括号内为稳健标准误。

3.4.2.4 内生性检验

本章采用核心解释变量税收分成滞后一期、其他省份税收分成均值作为工具变量，进行回归，结果见表3–5。地方增值税分成、地方营业税分成、地方所得税分成对经济增长的影响仍然显著为正，且影响系数大小变化较小，与基准回归结果基本保持一致。也就是说，用核心解释变量税收分成滞后一期、其他省份税收分成均值作为工具变量，回归结果仍然显示税收分成对经济增长有明显促进作用，具有较好的稳健性。

表 3–5 内生性处理

变量	以核心解释变量税收分成滞后一期为工具变量			以其他省份税收分成均值为工具变量		
	（1）	（2）	（3）	（4）	（5）	（6）
	ln *GDP*	ln *GDP*	ln *GDP*	ln *GDP*	ln *GDP*	ln *GDP*
tax_{it1}	0.0505** （2.02）			4.0948*** （2.99）		

续表

变量	以核心解释变量税收分成滞后一期为工具变量			以其他省份税收分成均值为工具变量		
	（1）	（2）	（3）	（4）	（5）	（6）
	ln *GDP*	ln *GDP*	ln *GDP*	ln *GDP*	ln *GDP*	ln *GDP*
tax_{it2}		0.0692^{***} （4.19）			1.7916^{**} （1.99）	
tax_{it3}			0.0437^{**} （2.30）			4.0305^{**} （1.96）
tl	0.0189^{**} （2.52）	0.0138^{*} （1.88）	0.0188^{**} （2.55）	0.1453 （0.77）	0.4013^{***} （2.63）	0.1134 （0.38）
sup	-0.0564^{***} （−13.41）	-0.0599^{***} （−13.91）	-0.0577^{***} （−13.41）	-0.0838^{*} （−1.89）	−0.1066 （−1.55）	-0.2127^{*} （−1.75）
gur	-0.3369^{***} （−11.96）	-0.3320^{***} （−11.88）	-0.3428^{***} （−12.34）	1.4849^{***} （5.08）	1.0757^{***} （4.71）	1.0725^{***} （4.48）
pup	1.3188 （0.32）	−0.0771 （−0.02）	1.1471 （0.28）	12.3769 （0.27）	50.3384 （1.12）	−3.7911 （−0.05）
con_p	0.1483^{***} （7.48）	0.1404^{***} （7.07）	0.1456^{***} （7.34）	-1.4753^{***} （−11.41）	-1.5857^{***} （−10.40）	-1.5951^{***} （−9.77）
gov	0.026 （1.12）	0.0245 （1.07）	0.0259 （1.13）	-1.1451^{***} （−5.12）	-1.4955^{***} （−8.83）	-1.0817^{***} （−3.36）
常数项	0.2805^{***} （21.74）	0.2808^{***} （22.65）	0.2849^{***} （23.03）	0.1513 （0.70）	0.5907^{***} （5.21）	0.4461^{**} （2.53）
N	3600	3600	3600	3600	3600	3600
R^2	0.101	0.103	0.102	0.106	0.114	0.157

注：*、**和***分别为10%、5%和1%的显著性水平；括号内为稳健标准误。

3.5 进一步分析

3.5.1 作用机制

税收分成对地方经济增长的影响主要以财政支出结构为传导机制。为研究税收分成对地方经济增长的影响路径，本节把地方政府行为纳入分析框架，借鉴薛钢等（2022）、余泳泽等（2020）对财政支出结构的分类方法，财政支出可分为经济性支出、社会性支出。本节分别以经济性支出、社会性支出占财政支出总量的比例衡量财政支出结构（M_{it}），包括经济性支出比例（*efp*）、社会性支出比例（*mfp*）。与基准回归一样采用固定效应方法，通过构建以下递推模型对税收分成影响地方经济增长的机制进行检验。

$$\ln GDP_{it}=\beta_0+\beta_j tax_{itn}+\beta_k X_{itk}+\mu_i+v_t+\varepsilon_{it} \tag{3-3}$$

$$M_{it}=\gamma_0+\gamma_l tax_{itn}+\gamma_2 X_{it}+\mu_i+v_t+\varepsilon_{it} \tag{3-4}$$

$$\ln GDP_{it}=\theta_0+\theta_l tax_{itn}+\theta_2 X_{it}+\theta_3 X_{it}+\mu_i+v_t+\varepsilon_{it} \tag{3-5}$$

其中，$\ln GDP_{it}$为地方i在t年的经济增长；tax_{itn}分别代表地方增值税分成比例（tax_{it1}）、营业税分成比例（tax_{it2}）、企业所得税分成比例（tax_{it3}）；M_{it}为中介变量财政支出结构，即经济性支出比例（*efp*）、社会性支出比例（*mfp*），参照贾俊雪和郭庆旺（2008）对财政支出结构的分类方法，分别选用财政支出中基本建设支出的比重、科技教育支出的比重作为经济性财政支出、社会性财政支出的代理变量；X_{it}为一系列影响工业行业发展的地方特征变量。

税收分成对经济增长的机制检验结果如表3-6所示。列（1）至列（6）为中介效应模型第一阶段，即税收分成对财政支出结构的回归结果。可以看出，地方增值税分成、地方营业税分成、地方企业所得税分成对经济性财政支出比重有显著正向影响。这说明地方税收分成比例越高，形成的财政激励效应越明显，地方政府越偏向于短期内能够拉动经济增长的经济性财政支出，而不太注重教育、公共服务等对经济形成长效增长机制的社会性财政支出。同时，地方增值税、地方营业税、地方企业所得税分成比例的提高导致了财政支出结构向经济性支出倾斜，对社会性支出产生显著负向影响。

表3-6列（7）至列（12）是中介效应模型第二阶段，即税收分成、财政支出结构对地方经济增长的回归结果。可以看出，在基准模型的基础上加入中介变量财政支出结构中的各项支出后，经济性财政支出比重增加对地方经济增长具有显著的正向影响，社会性财政支出比重增加对地方经济增长具有显著的负向影响。这证实了税收分成比例的提高对地方政府产生显著的财政激励效应，地方政府有动机改变财政支出行为，具体体现在财政支出结构偏向于经济性财政支出上。结合第一阶段和第二阶段的回归结果，可以发现财政支出结构这种中介效应存在。因此，我们可以得出结论：税收分成对地方经济增长的影响主要以地方财政支出结构为传导机制。

表 3-6　税收分成对经济增长的机制检验

变量	(1)	(2)	(3)	(4)	(5)	(6)	(7)	(8)	(9)	(10)	(11)	(12)
	efp	*mfp*	*efp*	*mfp*	*efp*	*mfp*	ln *GDP*	ln *GDP*	ln *GDP*	ln *GDP*	ln *GDP*	ln *GDP*
tax_{it1}	0.168^{***}	-0.169^{***}					0.082^{**}	1.639^{***}				
	(6.33)	(−16.51)					(2.42)	(5.12)				
tax_{it2}			0.104^{***}	-0.105^{***}					0.107^{***}	0.737^{***}		
			(5.24)	(−13.34)					(4.67)	(3.65)		
tax_{it3}					0.162^{***}	-0.130^{***}					0.083^{***}	0.917^{***}
					(6.98)	(−13.82)					(3.12)	(4.88)
efp							0.060^{**}		0.055^{*}		0.058^{*}	
							(1.99)		(1.84)		(1.82)	
mfp								-2.280^{***}		-2.919^{***}		-2.859^{***}
								(−4.41)		(−5.76)		(−6.31)
tl	0.009	-0.022^{***}	0.014^{*}	-0.027^{***}	0.010	-0.028^{***}	0.033^{**}	0.439^{***}	0.024^{*}	0.514^{***}	0.032^{***}	0.519^{***}
	(1.05)	(−5.07)	(1.67)	(−6.31)	(1.14)	(−6.54)	(2.48)	(6.70)	(1.94)	(6.79)	(2.99)	(6.83)
sup	−0.007	−0.003	-0.013^{**}	0.002	-0.012^{*}	0.001	-0.064^{***}	−0.019	-0.069^{***}	−0.062	-0.066^{***}	−0.047
	(−1.15)	(−1.09)	(−1.97)	−0.76	(−1.81)	(−0.09)	(−7.08)	(−0.48)	(−7.73)	(−1.52)	(−9.27)	(−0.93)
gur	-0.073^{**}	-0.141^{***}	-0.092^{***}	-0.123^{***}	-0.088^{**}	-0.119^{***}	−0.038	1.319^{***}	−0.028	1.002^{***}	−0.049	0.983^{***}
	(−2.06)	(−8.38)	(−2.59)	(−7.18)	(−2.56)	(−7.12)	(−0.80)	(4.03)	(−0.57)	(2.80)	(−1.13)	(3.29)

续表

变量	（1）	（2）	（3）	（4）	（5）	（6）	（7）	（8）	（9）	（10）	（11）	（12）
	efp	*mfp*	*efp*	*mfp*	*efp*	*mfp*	ln *GDP*	ln *GDP*	ln *GDP*	ln *GDP*	ln *GDP*	ln *GDP*
pup	−8.873**	6.198**	−9.093**	6.335**	−9.154**	5.721*	5.703	128.134***	4.306	137.404***	5.474	141.38***
	（−2.05）	（1.99）	（−2.08）	（2.00）	（−2.04）	（1.67）	（1.42）	（2.99）	（1.23）	（3.05）	（1.07）	（3.73）
con_p	0.097***	−0.006	0.096***	−0.006	0.094***	−0.0098	−0.112***	−2.164***	−0.128***	−2.116***	−0.113***	−2.086***
	（3.72）	（−0.51）	（3.61）	（−0.43）	（3.59）	（−0.76）	（−3.50）	（−7.63）	（−4.00）	（−7.69）	（−3.49）	（−9.86）
gov	−0.039	−0.015	−0.056	−0.002	−0.026	−0.022	0.617***	−0.876***	0.623***	−1.038***	0.625***	−0.893**
	（−0.85）	（−0.68）	（−1.24）	（−0.07）	（−0.58）	（−0.95）	（10.53）	（−2.61）	（10.81）	（−2.89）	（11.94）	（−2.41）
常数项	0.084***	0.177***	0.103***	0.158***	0.095***	0.162***	0.192***	0.862***	0.193***	1.167***	0.198***	1.130***
	（4.96）	（22.75）	（6.27）	（20.21）	（5.91）	（20.88）	（7.5）	（3.92）	（7.63）	（4.7）	（10.12）	（7.46）
N	1502	1574	1502	1574	1502	1574	1321	1574	1321	1574	1321	1574
R^2	0.069	0.236	0.059	0.200	0.075	0.207	0.202	0.206	0.212	0.187	0.204	0.188

注：*、** 和 *** 分别为 10%、5% 和 1% 的显著性水平；括号内为稳健标准误。

3.5.2 异质性分析

本书考察产业结构、财政自给率、地理位置的异质性影响，主要研究税收分成激励对地方经济增长的影响是否因产业结构、财政自给率、地理位置的不同而存在差异性。

3.5.2.1 产业结构的异质性

我国对不同产业征收的主要税种存在差异，由此导致增值税分成、营业税分成、企业所得税分成对地方不同产业产生差异化的影响。本部分产业结构指标用第二产业增加值占GDP比重来表示，并且以这两个指标的中位数为界（中位数值为49.1%），将样本分为两组，即第二产业占比高组、第二产业占比低组，回归结果见表3-7。第二产业占比较高的地级市，增值税分成、企业所得税分成对经济增长的影响更大。这可能是因为第二产业是增值税税源的主力军，所以工业、建筑业等第二产业占比越高，增值税、企业所得税对地方政府的激励效应越显著，地方通过发展第二产业增加税收的动力越强，即第二产业占比较高的地级市对地方经济增长显著正向促进作用更大（刘建民等，2023）。第二产业占比较低的地级市，营业税分成对经济增长的影响更大。这可能是因为第三产业是营业税的主要来源，所以第二产业占比较低，相对来说，有可能第三产业占比增大，营业税分成对地方政府的激励效应就越明显，对地方经济增长的促进作用也越大。

表 3-7 产业结构的异质性检验

变量	第二产业占比高组			第二产业占比低组		
	ln *GDP*			ln *GDP*		
	（1）	（2）	（3）	（4）	（5）	（6）
tax_{it1}	0.0787* （1.87）			0.0722*** （3.47）		
tax_{it2}		0.0762*** （2.78）			0.0718*** （4.47）	
tax_{it3}			0.0683** （2.25）			0.0657*** （4.80）

续表

变量	第二产业占比高组			第二产业占比低组		
	ln *GDP*			ln *GDP*		
	（1）	（2）	（3）	（4）	（5）	（6）
tl	0.0124 （0.78）	0.0113 （0.73）	0.0132 （0.85）	−0.0049 （−0.52）	−0.0079 （−0.84）	−0.0058 （−0.62）
sup	−0.1450*** （−8.04）	−0.1531*** （−8.25）	−0.1487*** （−8.13）	−0.0328*** （−4.92）	−0.0348*** （−5.19）	−0.0341*** （−5.11）
gur	−0.0005*** （−2.71）	−0.0005*** （−2.97）	−0.0005*** （−2.99）	−0.0001* （−1.86）	−0.0001** （−2.43）	−0.0001** （−2.13）
pup	4.7152 （−0.74）	3.762 （−0.58）	4.1111 （−0.64）	−4.7242 （−1.36）	−3.7871 （−1.08）	−4.075 （−1.16）
con_p	0.3721*** （9.06）	0.3616*** （8.76）	0.3687*** （8.99）	0.0833*** （3.31）	0.0805*** （3.20）	0.0832*** （3.31）
gov	−0.0022 （−0.06）	−0.0011 （−0.27）	0.0002 （0.01）	0.0453 （1.55）	0.0479* （1.65）	0.0471 （1.61）
常数项	0.1764*** （11.63）	0.1842*** （11.72）	0.1803*** （11.69）	0.1347*** （12.13）	0.1346*** （12.16）	0.1355*** （12.25）
N	1843	1843	1843	1757	1757	1757
R^2	0.122	0.124	0.122	0.031	0.037	0.034

注：*、** 和 *** 分别为 10%、5% 和 1% 的显著性水平；括号内为稳健标准误。

3.5.2.2　财政自给率的异质性

某个地级市的财政自给率较高，表明该地级市的财政支出可以很大程度地用自有财力解决，也就是说，地方更加重视自有财力的建设，财政自给率越高的地级市对税收分成激励越敏感（谢贞发等，2019）。财政自给率采用地方一般公共预算财政收入与一般公共预算财政支出的比重来度量，以财政自给率指标的中位数为界（中位数值为0.508），分为两组，即财政自给率高的地级市组和财政自给率低的地级市组，并进行回归，结果如表3-8所示。可以看出，财政自给率越高的地级市，税收分成激励对经济增长的影响越显著。这表明，拥有更高财政自给率的地级市对税收分成比例的变化更敏感，更有动机调整支出决策以实现税基最大化，从而对地方经济增长的影响更显著。

表 3-8 财政自给率的异质性检验

变量	财政自给率高的地级市组			财政自给率低的地级市组		
	ln *GDP*			ln *GDP*		
	(1)	(2)	(3)	(4)	(5)	(6)
tax_{it1}	0.0119 (0.46)			0.0796^{**} (1.97)		
tax_{it2}		0.017 (1.00)			0.1157^{***} (3.02)	
tax_{it3}			0.0264^{*} (1.82)			0.0427 (0.90)
tl	0.0388^{**} (2.18)	0.0367^{**} (2.15)	0.0352^{**} (2.07)	-0.0231^{**} (-2.24)	-0.0234^{**} (-2.31)	-0.0210^{**} (-2.05)
sup	-0.0549^{***} (-6.84)	-0.0560^{***} (-6.85)	-0.0564^{***} (-6.95)	-0.0683^{***} (-9.55)	-0.0690^{***} (-9.70)	-0.0700^{***} (-9.83)
gur	-0.0001^{**} (-2.10)	-0.0001^{**} (-2.21)	-0.0001^{**} (-2.29)	-0.0034^{**} (-2.14)	-0.0037^{**} (-2.36)	-0.0033^{**} (-2.03)
pup	-5.6208 (-1.32)	-5.2629 (-1.23)	-5.3847 (-1.27)	-20.6873^{**} (-2.54)	-20.7893^{**} (-2.54)	-20.8921^{**} (-2.56)
con_p	0.2594^{***} (7.93)	0.2524^{***} (7.55)	0.2503^{***} (7.72)	0.1343^{***} (4.09)	0.1287^{***} (3.94)	0.1400^{***} (4.25)
gov	0.3125^{***} (4.95)	0.3059^{***} (4.76)	0.3070^{***} (4.85)	-0.0262 (-0.90)	-0.0291 (-1.00)	-0.0228 (-0.79)
常数项	0.1214^{***} (10.23)	0.1229^{***} (10.24)	0.1225^{***} (10.28)	0.1717^{***} (14.93)	0.1730^{***} (15.05)	0.1741^{***} (15.16)
N	1762	1762	1762	1838	1838	1838
R^2	0.074	0.074	0.075	0.091	0.093	0.089

注：*、**和***分别为 10%、5% 和 1% 的显著性水平；括号内为稳健标准误。

3.5.2.3 地理位置的异质性

由于我国地理范围广泛，各地资源条件差异显著，这种差异直接影响各地政府参与经济竞争的积极性。具有较好资源条件的地区更倾向于主动加入竞争，以吸引资本和人才，推动当地经济增长（刘建民等，2023）。因此，在面对财政刺激政策时，资源条件较差的地区对激励措施反应迟钝，而资源丰富的地区则对税收优惠等激励政策更为敏感（张明，2017）。为了考察资源禀赋不同的地区，税收分成对地方经济增长的影响效应是否存在差异，本书采取分组回归的方法对东部地区、中部地区和西部地区①样本进行回归，结果如表3-9所示。可以看出，东部地区增值税分成、营业税分成、企业所得税分成对地方经济增长的有显著正向影响，对比资源条件较弱的地区，拥有较丰富资源的地区对增值税、营业税和企业所得税的分成激励措施表现出更高的敏感度，这种敏感度在很大程度上促进了地区的经济增长。

表 3-9　东中西部地区的异质性检验

变量	东部地区			中部地区			西部地区		
	ln *GDP*			ln *GDP*			ln *GDP*		
	（1）	（2）	（3）	（4）	（5）	（6）	（7）	（8）	（9）
tax_{it1}	0.0262**			0.1288***			0.1222*		
	（0.92）			（4.20）			（1.79）		
tax_{it2}		0.0773***			0.1143***			0.1151**	
		（2.96）			（5.28）			（2.13）	
tax_{it3}			0.0559**			0.1035***			0.0724
			（2.02）			（4.97）			（1.14）
tl	0.0528***	0.0465***	0.0489***	−0.0025	−0.0064	−0.0046	0.0068	0.0005	0.0132
	（3.67）	（3.30）	（3.43）	（−0.22）	（−0.55）	（−0.40）	（0.28）	（0.02）	（0.53）
sup	−0.0497***	−0.0539***	−0.0524***	−0.0708***	−0.0762***	−0.0747***	−0.0465***	−0.0536***	−0.0493***
	（−4.82）	（−5.25）	（−5.07）	（−8.56）	（−8.77）	（−8.77）	（−4.66）	（−4.91）	（−4.65）
gur	−0.2799***	−0.2921***	−0.2860***	−0.7516***	−0.7626***	−0.7776***	−0.0004*	−0.0004**	−0.0003*
	（−7.09）	（−7.39）	（−7.25）	（−10.19）	（−10.36）	（−10.45）	（−1.91）	（−2.03）	（−1.73）
pup	−6.8914*	−7.3287**	−7.3667**	−28.3789***	−33.4593***	−29.4894***	−0.4035	−8.3621	−4.8288
	（−1.95）	（−2.16）	（−2.15）	（−2.94）	（−3.48）	（−3.12）	（−0.02）	（−0.42）	（−0.25）

① 东部地区主要包括北京、天津、河北、辽宁、上海、江苏、浙江、福建、山东、海南、广东，中部地区主要包括山西、吉林、黑龙江、安徽、江西、河南、湖北、湖南，西部地区主要包括四川、贵州、云南、西藏、陕西、甘肃、宁夏、青海、新疆、重庆、内蒙古、广西。

续表

变量	东部地区			中部地区			西部地区		
	ln *GDP*			ln *GDP*			ln *GDP*		
	(1)	(2)	(3)	(4)	(5)	(6)	(7)	(8)	(9)
con_p	0.1552***	0.1538***	0.1543***	0.1112***	0.1116***	0.1150***	0.1821***	0.1688***	0.1847***
	(5.78)	(5.76)	(5.77)	(2.70)	(2.73)	(2.81)	(3.68)	(3.43)	(3.71)
gov	−0.0587	−0.0519	−0.0531	0.1329***	0.1363***	0.1437***	0.0479	0.0323	0.0448
	(−1.02)	(−0.91)	(−0.93)	(−2.64)	(−2.71)	(−2.83)	(−1.19)	(−0.78)	(−1.11)
常数项	0.2769***	0.2798***	0.2787***	0.4475***	0.4570***	0.4598***	0.1439***	0.1555***	0.1539***
	(14.26)	(14.48)	(14.41)	(14.87)	(15.15)	(15.14)	(7.82)	(8.64)	(8.58)
N	1408	1408	408	1264	1264	1264	928	928	928
R^2	0.100	0.104	0.102	0.159	0.163	0.161	0.044	0.044	0.040

注：*、** 和 *** 分别为 10%、5% 和 1% 的显著性水平；括号内为稳健标准误。

3.6 本章小结与启示

本章探究宏观层面税收分成对地方经济增长的影响。具体包括两个方面的内容：一是税收分成激励是否促进了地方经济增长，二是税收分成激励通过哪些途径和渠道影响地方经济增长。针对以上问题，本章首先实证检验了税收分成对地方经济增长的作用，其次分析了税收分成激励影响地方经济增长的理论机制，最后进行了相关的实证检验。

本章使用《中国城市统计年鉴》、《全国地市县财政统计资料》、《中国税务年鉴》、《中国区域经济统计年鉴》、CNRDS数据库、CEIC数据库，构建地级市经济增长指标和税收分成指标，基于2000—2016年我国地级市的面板数据，就税收分成变化对经济增长的影响进行了实证检验。研究发现，地方增值税分成、地方营业税分成、地方企业所得税分成激励促进了地方经济增长，并且在采取更换被解释变量、调整样本周期、剔除省会城市等进行一系列稳健性检验后，这一结论依然成立，表明税收分成对地方经济增长的促进作用是稳健的。产业结构、人口密度、消费率、城乡发展差距等因素对地方经济增长的影响基本符合主流研究的相关结论。同时，研究发现，财政支出结构这种中介效应存在，税收分成对地方经济增长的影响主要以经济性支出、社会性支出两种地方财政支出结构为传导机制。最后，本章考察了产业结构、财政自给率、地理位置的异质性影响，主要探究税收分成激励对地方经济增长的影响是否因产业结构、财政自给率、地理位置的不同而存在差异性。异质性分析表明，在第二产业占GDP比重较高、财政自给率较高、资源禀赋相对较好的东部地区等地级市中，税收分成的激励效应总体上对地方经济增长的影响更显著。这表明，此类地级市对税收分成激励更敏感，因而对地方经济增长的促进作用更大。

第4章　税收分成的中观效应：工业行业发展

4.1　问题的提出

工业是实体经济的基础，是国家经济命脉所系，也是建设现代化产业体系的重要领域。近年来，随着全球经济进入深度调整期，重振以工业特别是制造业为核心的实体经济成为国际竞争的重要焦点。党的二十大报告明确要求，建设现代化产业体系，坚持把发展经济的着力点放在实体经济上，推进新型工业化。中国是全世界唯一拥有联合国产业分类中全部工业门类的国家，工业规模持续扩大。2022年，中国工业增加值突破40万亿元大关，占GDP比重达33.2%，其中，制造业增加值占GDP比重为27.7%，制造业总体规模连续14年保持全球第一。在我国工业经济快速增长的40多年来，学术界围绕"增长之谜"展开了研究。大多数学者认为，地方政府对推动工业经济发展起到重要作用，地方政府通过土地出让、融资政策、税收优惠等政策支持现有企业扩大生产规模、吸引新的企业进入等。

税收分成是政府间财政关系的重要内容，已成为平衡多级政府间责权配置、处理好政府与市场关系的关键要素。为了实现增加地方可支配财政收入的目标，地方政府有动机支持那些可以放松其预算约束的政策，即财政激励的基本思想（Weingast，2009）。税收分成比例变化会直接影响地方政府可支配财政收入并改变其预算约束，影响地方政府的行为选择，进而作用于企业。有学者认为，地方政府会通过税收优惠、财政补贴、土地配置等方式，支持高税行业及企业的发展（Xu，2011；谢贞发等，2019）；当企业所得税的地方分成下降时，地方政府的发展焦点可能会转向与土地相关的产业，如房地产和建筑业（Han and Kung，2015）；地方税收分成的提高，会激励地方政府促进辖区内企业的发展，进一步扩大税基（张明，2017）。可见，地方政府发展经济的强烈意愿来自可支配性财政收入增加，财政激励能有效地促进政府“援助之手”扶持本地工业企业发展，推动当地工业经济增长。

分税制改革确立了中央与地方政府的财政收入分配关系，但对省以下税收分成未做出明确安排。各省政府间税收分成关系主要参考中央与地方政府分成模式，结合自身发展实际，大致规定了省本级政府、地市级政府、县级政府的税收分成比例。增值税、营业税、企业所得税等是我国最主要的税种，其税收分成变化对当地工业发展起到重要作用。探讨增值税、营业税、企业所得税分成比例是否会影响工业规模以及如何影响工业规模的问题，对于更好地解释工业发展的动力源泉和制度诱因，理解中国财政体制改革与工业经济发展的逻辑关系具有重要价值。为此，本章深入探讨税收分成与工业发展的理论逻辑与作用机理，并实证检验增值税分成、营业税分成、企业所得税分成激励对工业经济的影响。

4.2　理论分析

从政府与市场角度来看，税收关系是政府和企业双边关系的重要内容。增加可支配的财政收入是地方政府的重要目标。财政激励方法的基本思想是，更多的财政收入可以放松地方政府预算约束，从而更好地实现目标，无论地方政府的目标是什么。分税制改革明确了中央与地方的财政分配关系，这种关系变化可能会影响地方政府的可支配财政收入，改变其预算约束。正如Bai等（2004）实证检验得出地方政府可能会出于税收动机保护本地产业，避免它们受到其他地区同类企业竞争的情况，越是利税率高的企业，越容易受到本地政府的保护。为此，不同的税收制度设计会直接影响地方政府的行为和政策选择，进而影响其辖区内的工业经济发展。分税制改革，特别是2002年所得税改革后，地方政府相继出台各省的省以下财政体制改革文件，明确了省内税收分成比例情况。那么，增值税、营业税、企业所得税等税收分成激励到底对地方工业经济发展有无影响、影响路径是什么、影响程度如何，是需要从理论逻辑和实证检验层面论证的。总体来看，增值税、营业税、企业所得税分成形成的财政激励，可能通过引入效应、支持效应等促进当地工业经济发展，而影响程度到底如何，需要通过实证分析进一步探究。

一是税收分成激励带来的引入效应影响。税收分成具有较强的引入效应，即随着税收分成比例提高，地方政府为获得更多的相关税源，可能采取一系列政策措施，包括土地出让、金融支持和财税优惠等，吸引新的企业入驻以扩大工业的产值规模。具体来看，税收分成率的提高会激励地方政府保护税基，从而采用鼓励和支持地方工业发展的政策措施，促进工业行业规模扩大。正如吕冰洋等（2016）指出的，当税收分成激励增加时，地方政府会采用放松税收征管、增加创新补贴等手段支持相关产业发展。因此，税收分成率的提高会激励地方政府保护税基，即增值税、营业税、企业所得税等税收分成激励会产生工业行业引入效应，政府可能在财政支出、税收、信贷等方面给予支持，进而促进当地工业发展。由此，增值税、营业税、企业所得税等税收分成提高，会激励地方政府通过不断引进新的企业扩大工业行业规模，促进当地工业发展。为此，提出研究假设如下。

H_1：税收分成增加会促使地方政府通过不断引入企业扩大工业规模，促进当地工业经济发展。

二是税收分成激励带来的支持效应影响。税收分成具有较强的支持效应，即随着税收分成比例提高，地方政府为获得更多的相关税源，可能会选择通过土地出让、金融支持、财税优惠等政策吸引新的企业进入，通过扩大已有工业企业的生产经营规模，带动当地工业行业规模扩大，促进当地工业经济发展。具体来看，税收分成率的提高会激励地方政府保护税基，从而采用鼓励和支持地方工业发展的政策措施，促进工业行业规模扩大。正如周黎安（2017）提出的，在将经济增长作为最主要绩效考核指标的背景下，地方政府间的竞争使得地方政府有动力保护税基，涵养当地税源，以促进当地经济增长。因此，增值税、营业税、企业所得税等税收分成提高，会激励地方政府保护税基，进而促进当地工业发展。由此，增值税、营业税、企业所得税等税收分成提高，会激励地方政府通过支持现有工业企业扩大生产规模，进而扩大当地工业规模，促进当地工业经济发展。为此，提出研究假设如下。

H_2：税收分成增加可能会促使地方政府通过支持已有企业扩大生产规模扩大工业行业规模，促进当地工业经济发展。

4.3 研究设计

4.3.1 模型设定

为了检验税收分成变化对工业行业发展的影响，并且控制其他不随地区和时间变化的因素，本书将双向固定效应模型作为基准回归模型。为避免出现多重共线性问题，回归之前已经计算出相应的方差膨胀因子均远远小于临界值10，可排除多重共线性问题。模型设定如下：

$$\ln y_{ijt}=\beta_0+\beta_n tax_{itn}+\beta_2 X_{it}+\mu_i+v_t+\varepsilon_{it} \tag{4-1}$$

其中，$\ln y_{ijt}$为被解释变量，即地方i行业j在t年的规模以上工业行业总产值；tax_{itn}为核心解释变量，分别代表地方增值税分成（tax_{it1}）、地方营业税分成（tax_{it2}）、地方企业所得税分成（tax_{it3}）；X_{it}为一系列影响工业企业规模的地方特征变量；μ_i为地方固定效应，以控制不可观测的地区间差异的影响；v_t为时间固定效应；ε_{it}为随机扰动项。

4.3.2 变量说明

4.3.2.1 被解释变量

工业行业规模（$\ln y_{ijt}$）为被解释变量，用规模以上工业企业总产值来衡量。由于数据可得性，本章工业企业包含制造业、采掘业、电力业。工业行业规模采用中国工业企业数据库中的工业总产值计算得到，实际计算中采用工业出厂价格指数对工业总产值进行平减，削平价格影响。已有文献对工业行业规模指标有较多研究，如黄思明等（2018）选择的地级市规模以上工业企业总产值、工业企业主营业务收入值等指标。为了从中观层面更好地观察，本书选择工业企业总产值作为工业行业规模的衡量指标。

4.3.2.2 核心解释变量

本书的核心解释变量为地方增值税分成（tax_{it1}）、地方营业税分成（tax_{it2}）、地方企业所得税分成（tax_{it3}）。增值税、营业税、企业所得税是我国最主要的税收收入来源，它们的分成变化不仅能够反映省以下地方税收分成的基本格局，而且对地区产业结构具有很强的敏感性。参照吕冰洋等（2016）的测算方法，地级市的增值税分成（tax_{it1}）=地级市的增值税收入/省级主管增值税收入之和，地级市的营业税分成（tax_{it2}）=地级市的营业税收入/省级主管营业税收入之和，地级市的企业所得税分成（tax_{it3}）=地级市的企业所得税收入/省级主管企业所得税收入之和。值得注意的是，地级市需要去除5个计划单列市和4个直辖市，且不含西藏自治区，共计284个城市。需要缴纳营业税的行业有建筑业、交通运输业、邮电通信业、文化体育业、金融保险业、娱乐业、服务业。2016年4月30日，“营改增”全面完成，营业税取消。

4.3.2.3 控制变量

X_{it}为一系列影响工业企业总产值的地方特征变量，主要包括经济发展水平（ln*pgdp*），采用人均GDP的对数值衡量；人口规模（ln*popu*），采用人口总量的对数值衡量；受教育水平（ln*edu*），采用普通高等学校在校生人数的对数值衡量；固定资产投资水平（*invest*），采用全社会固定资产投资占实际GDP比重的衡量；金融发展水平（*fiance*），采用金融机构贷款余额占实际GDP的比重衡量；对外开放水平（*open*），采用实际利用外资占实际GDP比重的对数值衡量。

4.3.3 数据来源

本书以2003—2012年中国284个地级市的面板数据为基础，就税收分成变化对地方工业行业规模的影响进行回归分析。其中，税收收入数据主要取自《全国地市县财政统计资料》、《中国区域经济统计年鉴》、《中国税务年鉴》和CNRDS数据库；工业企业规模数据由中国工业企业数据库、中经网统计数据库等匹配得到，由于2013—2015年数据与2012年以前的样本数量存在较大差异，考虑到数据连贯性，截取2003—2012年的数据。本书剔除了有些年份的相关缺失值，并对主要连续变量进行1%和99%水平的缩尾处理，共有2840个观测值。主要变量的描述性统计见表4-1。

表 4-1　主要变量的描述性统计

变量	观测值	均值	标准差	最小值	最大值
$\ln y_{ijt}$	2454	17.40478	1.385449	12.49201	21.31599
tax_{it1}	2840	17.16254	1.514732	9.6504	21.2998
tax_{it2}	2840	13.96082	1.977516	4.729343	18.44044
tax_{it3}	2840	14.58706	1.409726	7.909122	19.4689
$\ln pgdp$	2840	9.580023	0.776906	7.544969	12.53925
$\ln popu$	2840	5.818564	0.670167	2.79545	7.121656
$\ln edu$	2840	9.964906	1.515462	3.135494	13.76104
$invest$	2840	0.562419	0.226134	0.102228	2.169053
$fiance$	2840	0.735766	0.410336	0.075319	3.450437
$open$	2840	0.002896	0.003261	0.000000	0.045402

4.4　实证结果分析

4.4.1　基准回归结果

税收分成与工业行业规模的基准回归结果如表4-2所示。从表4-2的列（1）至列（7）可以看出，地方增值税分成（tax_{it1}）、地方营业税分成（tax_{it2}）、地方企业所得税分成（tax_{it3}）等核心解释变量估计系数均在1%的水平上显著。从列（2）的回归结果来看，地方增值税分成每下移1个百分点，地方工业行业规模将提高8.032个百分点，表示地方增值税分成比例提高能够促进地方工业行业发展。从列（4）的回归结果来看，地方营业税分成每下移1个百分点，地方工业行业规模将提高2.737个百分点，表示地方营业税分成比例提高也能促进地方工业行业发展。从列（6）的回归结果来看，地方企业所得税分成每下移1个百分点，地方工业行业规模将提高1.323个百分点，表示地方企业所得税分成比例提高能够促进地方工业行业发展。列（7）中对地方增值税分成、地方营业税分成、地方企业所得税分成同时进行回归，结果表明，地方增值税分成、地方营业税分成、地方企业所得税分成比例提高均能促进地方工业行业发展。

从控制变量的回归系数来看，人均GDP、人口规模、受教育水平、固定资产投资等对地方工业行业发展有正向影响，即人均GDP、人口规模、受教育水平、固定资产投资的提高，有助于地方工业企业规模扩大，进而推动地方经济增长。金融发展水平、对外开放水平对地方工业行业发展有负向影响，说明金融发展水平、对外开放水平提升，可能加剧地区间横向竞争，企业更可能选择基础设施配套、财政金融税收更优的地方扩大生产或新建厂房，导致原有工业行业发展规模缩小。

表 4–2　基准回归结果

变量	（1）	（2）	（3）	（4）	（5）	（6）	（7）
	$\ln y_{ijt}$	$\ln y_{ijt}$	$\ln y_{ijt}$	$\ln y_{ijt}$	$\ln y_{ijt}$	$\ln y_{ijt}$	$\ln y_{ijt}$
tax_{it1}	7.789***	8.032***					5.767***
	（1.2039）	（1.0992）					（1.1837）
tax_{it2}			2.710***	2.737***			2.096***
			（0.3859）	（0.3530）			（0.3837）
tax_{it3}					1.310**	1.323***	1.307***
					（0.5542）	（0.5090）	（0.5260）
ln*pgdp*		2.797***		2.813***		2.797***	2.813***
		（0.1376）		（0.1374）		（0.1391）	（0.1368）
ln*popu*		3.025***		3.041***		3.039***	3.037***
		（0.1969）		（0.1966）		（0.1991）	（0.1957）
ln*edu*		0.0590***		0.0576***		0.0645***	0.0551***
		（0.0167）		（0.0167）		（0.0169）	（0.0166）
invest		0.0605		0.0311		0.0435	0.0448
		（0.0392）		（0.0391）		（0.0396）	（0.0391）
fiance		–0.112***		–0.0890**		–0.0908**	–0.100***
		（0.0372）		（0.0372）		（0.0378）	（0.0373）

续表

变量	(1)	(2)	(3)	(4)	(5)	(6)	(7)
	$\ln y_{ijt}$	$\ln y_{ijt}$	$\ln y_{ijt}$	$\ln y_{ijt}$	$\ln y_{ijt}$	$\ln y_{ijt}$	$\ln y_{ijt}$
open		-4.807*		-5.775**		-5.084*	-5.379**
		(2.6858)		(2.6824)		(2.7143)	(2.6704)
常数项	16.64***	-26.66***	16.56***	-26.95***	16.73***	-26.71***	-26.95***
	(0.0237)	(2.2122)	(0.0314)	(2.2096)	(0.0202)	(2.2375)	(2.1996)
时间固定效应	是	是	是	是	是	是	是
城市固定效应	是	是	是	是	是	是	是
N	2454	2454	2454	2454	2454	2454	2454
调整的R^2	0.785	0.823	0.786	0.823	0.782	0.819	0.825
ll	143.3	378.4	147.5	382.1	123.0	352.2	395.7

注：*、** 和 *** 分别为 10%、5% 和 1% 的显著性水平；括号内为稳健标准误。

4.4.2　稳健性检验

上述基准回归结论可能受到内生性问题的影响。为此，本书分别采用更换被解释变量、调整样本周期等进行稳健性检验，结果表明，基准回归结论是稳健的。

4.4.2.1　更换被解释变量

其一，采用从《中国城市统计年鉴》直接取得的城市层面规模以上工业企业总产值，替代通过中国工业企业数据库进行匹配加总的工业企业总产值。其二，采用城市层面规模以上工业企业主营业务收入替代规模以上工业企业总产值。从表4-3的列（1）至列（6）可以看出，核心解释变量的估计系数依然在1%的水平上显著，即地方增值税分成（tax_{it1}）、地方营业税分成（tax_{it2}）、地方企业所得税分成（tax_{it3}）等同样有助于促进工业行业规模发展，进一步验证了基准回归结论的稳健性。也就是说，将被解释变量替换为从《中国城市统计年鉴》直接取得的城市层面规模以上工业企业总产值、工业企业主营业务收入，回归结果显示，地方增值税分成、地方营业税分成、地方企业所得税分成在1%显著水平上对促进地方工业行业发展有明显作用。

表 4-3 稳健性检验结果

变量	采用城市层面规模以上工业企业总产值数据			采用城市层面规模以上工业企业主营业务收入数据		
	(1)	(2)	(3)	(4)	(5)	(6)
	lnsy	lnsy	lnsy	lnry	lnry	lnry
tax_{it1}	7.389*** (0.8891)			8.191*** (0.9724)		
tax_{it2}		2.235*** (0.2720)			2.670*** (0.2968)	
tax_{it3}			1.949*** (0.4060)			2.371*** (0.4437)
常数项	-25.20*** (1.7489)	-25.41*** (1.7499)	-25.35*** (1.7658)	-35.18*** (1.9127)	-35.44*** (1.9096)	-35.39*** (1.9298)
N	2840	2840	2840	2840	2840	2840
控制变量	是	是	是	是	是	是
时间固定效应	是	是	是	是	是	是
城市固定效应	是	是	是	是	是	是
调整的R^2	0.918	0.918	0.916	0.906	0.907	0.905
ll	895.0	894.1	869.7	640.7	646.1	617.5

注：*** 为 1% 的显著性水平；括号内是稳健标准误。

4.4.2.2 调整样本周期

工业企业数据统计口径变化，有可能影响地方工业企业总产值计算。1998年以来，国家统计局逐步调整工业统计范围，不同阶段对规模以上、规模以下工业企业的标准有所不同。例如，1998—2006年，对规模以上工业企业界定为全部国有和年主营业务收入500万元及以上的非国有工业法人单位；2007—2010年，对规模以上工业企业界定调整为年主营业务收入500万元及以上的工业法人单位；2011年至今，对规模以上工业企业界定为年主营业务收入2000万元及以上的工业法人单位。为了控制可能的影响，本章采用分时段估计方法。从表4-4列（1）、列（2）、列（3）可以看出，2003—2006年，地方增值税分成、地方营业税分成、地方企业所得税分成等核心解释变量的估计系数分别在1%、5%、10%的水平上显著。因此可见，地方增值税分成、地方营业税分成、地方企业所得税分成同样有助于促进工业行业规模发展，进一步验证了基准回归结论的稳健性。从表4-4列（4）、列（5）、列（6）可以看出，2007—2010年，仅地方增值税分成这个核心解释变量的估计系数在1%的水平上显著。因此可见，地方增值税分成同样有助于促进工业行业规模发展，进一步验证了基准回归结论的稳健性。

表4-4　稳健性检验分时段估计结果

变量	2003—2006年			2007—2010年		
	（1）	（2）	（3）	（4）	（5）	（6）
	$\ln y_{ijt}$	$\ln y_{ijt}$	$\ln y_{ijt}$	$\ln y_{ijt}$	$\ln y_{ijt}$	$\ln y_{ijt}$
tax_{it1}	2.926*** （1.0615）			14.90*** （3.1567）		
tax_{it2}		1.029** （0.4000）			0.890 （1.0466）	
tax_{it3}			0.976* （0.5238）			−0.466 （1.1072）
常数项	−31.23*** （3.7740）	−31.46*** （3.7755）	−30.96*** （3.7913）	−1.045 （8.4978）	−0.139 （8.6737）	0.919 （8.8129）
控制变量	是	是	是	是	是	是
时间固定效应	是	是	是	是	是	是
城市固定效应	是	是	是	是	是	是
N	1099	1099	1099	824	824	824
调整的R^2	0.708	0.708	0.707	0.378	0.353	0.352
ll	787.6	787.0	784.8	416.8	400.6	400.2

注：1. 考虑到2011年后的统计口径与2010年之前存在较大差异，并未将2011年结果纳入。

2. *、** 和 *** 分别为10%、5%和1%的显著性水平；括号内是稳健标准误。

4.5 进一步分析

4.5.1 作用机制

本书采用Baron和Kenny（1986）提出的中介效应模型，通过构建以下递推模型对税收分成影响工业行业发展规模的机制进行检验，仍采用双向固定效应估计方法。同时，借鉴温忠麟等（2014）提出的中介效应检验程序进行检验。

$$\ln y_{ijt}=\alpha_0+\alpha_1 tax_{itn}+\alpha_2 X_{it}+\mu_i+v_t+\varepsilon_{it} \qquad (4-2)$$

$$M_{it}=\gamma_0+\gamma_1 tax_{itn}+\gamma_2 X_{it}+\mu_i+v_t+\varepsilon_{it} \qquad (4-3)$$

$$\ln y_{ijt}=\theta_0+\theta_1 tax_{itn}+\theta_2 M_{it}+\theta_3 X_{it}+\mu_i+v_t+\varepsilon_{it} \qquad (4-4)$$

其中，$\ln y_{ijt}$为地方i行业j在t年的工业总产值；tax_{itn}分别代表地方增值税分成（tax_{it1}）、地方营业税分成（tax_{it2}）、地方企业所得税分成（tax_{it3}）；M_{it}为中介变量；X_{it}为一系列影响工业企业规模的地方特征变量。如果γ_1与θ_2均显著，则表明中介效应显著存在；如果γ_1与θ_2至少有一个不显著，则意味着需要对γ_1与θ_2的交乘项进行Sobel检验，如果Sobel检验的Z值显著大于或小于临界值，则意味着中介效应存在。借鉴黄思明和王乔（2018）的方法，本书选取两个变量作为机制变量，以规模以上工业企业数量（ln*num*，取对数）表征“引入效应”；以规模以上工业企业平均产值，即以规模以上工业企业总产值与规模以上工业企业数量的比重（ln*size_per*，取对数）表征“支持效应”。“引入效应”是指地方政府利用土地出让、财税金融优惠策略吸引企业落户，目的是通过增加企业数量扩大产值规模；“支持效应”是指地方政府可以通过以上各类政策支持已有企业的发展，扩大其经营规模和产值，扩大已有的工业发展规模。

4.5.1.1 引入效应：规模以上工业企业数量

从表4–5列（1）、列（3）、列（5）的结果可以看出，地方增值税分成、地方营业税分成、地方企业所得税分成对工业企业数量均为显著正影响，税收分成对工业企业数量产生了显著的正向影响。列（2）、列（4）的结果表明，工业企业数量对工业行业产值具有显著的促进作用，说明工业企业数量这种中介效应存在；列（6）企业所得税分成变量的系数不显著，说明具有完全中介效应。因此，可以得出结论：地方增值税分成、地方营业税分成、地方企业所得税分成对工业行业发展的影响与税收分成的“引入效应”有关，地方政府在应对税收分成时，倾向于通过引入新增企业的方式稳定本地税收。

表 4-5　引入效应：规模以上工业企业数量

变量	（1）	（2）	（3）	（4）	（5）	（6）
	ln*num*	$\ln y_{ijt}$	ln*num*	$\ln y_{ijt}$	ln*num*	$\ln y_{ijt}$
tax_{it1}	3.087*** （0.9801）	6.717*** （1.0032）				
ln*num*		0.438*** （0.0208）		0.432*** （0.0210）		0.445*** （0.0210）
tax_{it2}			1.885*** （0.2980）	1.933*** （0.3251）		
tax_{it3}					1.478*** （0.4435）	0.669 （0.4643）
Sobel 检验 *Z* 值及其显著性	-4.121***		-7.935***		-5.129***	
常数项	-34.81*** （1.9278）	-11.10*** （2.1462）	-35.06*** （1.9171）	-11.51*** （2.1547）	-34.99*** （1.9287）	-10.83*** （2.1701）
N	2840	2454	2840	2454	2840	2454
调整的R^2	0.655	0.853	0.659	0.852	0.655	0.850
ll	618.4	607.9	635.1	602.6	619.1	583.9

注：*** 为 1% 的显著性水平；括号内是稳健标准误。

4.5.1.2　支持效应：规模以上工业企业平均产值

从表4-6列（1）的结果可以看出，地方增值税分成对规模以上工业企业平均产值的影响显著为正；列（2）的结果表明，工业企业平均产值对工业企业产值具有正向影响，说明中介效应存在；列（3）至列（6）的结果表明，地方营业税分成、地方所得税分成对规模以上工业企业平均产值的影响不显著，但规模以上工业企业平均产值对工业行业产值具有显著的正向促进作用。结合列（3）至列（6）Sobel检验Z值及其显著性的结果，说明规模以上工业企业平均产值这种中介效应存在。因此，可以得出结论：地方增值税分成、地方营业税分成、地方企业所得税分成对工业行业发展的影响也与税收分成的“支持效应”有关，地方政府在应对税收分成增加时，倾向于通过支持已有企业的发展，扩大其经营规模和产值稳定本地税收。

表 4-6　支持效应：规模以上工业企业平均产值

变量	（1）	（2）	（3）	（4）	（5）	（6）
	$\ln size\_per$	$\ln y_{ijt}$	$\ln size\_per$	$\ln y_{ijt}$	$\ln size\_per$	$\ln y_{ijt}$
tax_{it1}	4.302^{***}	6.740^{***}				
	（0.9663）	（1.0582）				
$\ln size\_per$		0.310^{***}		0.318^{***}		0.322^{***}
		（0.0225）		（0.0223）		（0.0226）
tax_{it2}			0.350	2.618^{***}		
			（0.2966）	（0.3376）		
tax_{it3}					0.472	1.271^{***}
					（0.4389）	（0.4867）
Sobel 检验 Z 值及其显著性	7.903^{***}		2.909^{***}		1.716^{*}	
常数项	9.606^{***}	-30.15^{***}	9.655^{***}	-30.55^{***}	9.634^{***}	-30.36^{***}
	（1.9008）	（2.1363）	（1.9082）	（2.1275）	（1.9091）	（2.1544）
N	2840	2454	2840	2454	2840	2454
调整的R^2	0.789	0.837	0.788	0.839	0.788	0.835
ll	658.5	482.0	648.2	492.8	648.1	463.0

注：* 和 *** 分别为 10% 和 1% 的显著性水平；括号内是稳健标准误。

4.5.2　异质性分析

本书从不同行业、不同地区对税收分成变化影响工业行业规模的具体效果做异质性分析。

4.5.2.1　考虑不同行业异质性

我国对不同行业征收主要税种有差异，由此导致增值税分成、营业税分成、企业所得税分成对地方不同行业企业产生差异化影响。表 4-7 列（1）、列（2）、列（3）是税收分成对制造业的回归结果，可以看到地方增值税分成、地方营业税分成对制造业总产值在 1% 显著性水平上产生正向影响，企业所得税对制造业总产值影响不显著。即增值税分成每提高 1 个百分点，当地制造业的产值提高 8.824 个百分点；营业税分成每提高 1 个百分点，当地制造业的产值提高 2.153 个百分点。列（4）、列（5）、列（6）是税收分成对采掘业的回归结果。可以看到，地方企业所得税分成、地方营业税分成对采掘业产值在 1% 显著性水平上产生正向影响，地方增值税分成对采掘业产值影响不显著。即地方营业税分成每提高 1 个百分点，当地采掘业的产值提高 6.690 个百分点；地方企业所得税分成每提高 1 个百分点，当地采掘业的产值提高 4.443 个百分点。列（7）、列（8）、列（9）是税收分成对电力业的回归结果。可以看到，地方增值税分成、地方企业所得税分成、地方营业税分成对电力业的影响均不显著，这和我国将铁道、邮电、金融保险、民航、电力等特殊行业由央企总部缴纳的事实是相符的。由此可见，在不同类型行业，税收分成变化对工业行业规模具有异质性的影响效果。

表 4-7　行业异质性估计结果

变量	制造业			采掘业			电力业		
	（1）	（2）	（3）	（4）	（5）	（6）	（7）	（8）	（9）
	$\ln y_1$	$\ln y_1$	$\ln y_1$	$\ln y_2$	$\ln y_2$	$\ln y_2$	$\ln y_3$	$\ln y_3$	$\ln y_3$
tax_{it1}	8.824^{***}			3.797			0.653		
	（1.3951）			（3.3415）			（2.2678）		
tax_{it2}		2.153^{***}			6.690^{***}			0.837	
		（0.4492）			（1.0676）			（0.7249）	
tax_{it3}			−0.172			4.443^{***}			−0.510
			（0.6448）			（1.5368）			（1.0330）
常数项	-30.20^{***}	-30.30^{***}	-30.04^{***}	-47.80^{***}	-48.81^{***}	-48.46^{***}	-27.97^{***}	-28.07^{***}	-27.87^{***}
	（2.8065）	（2.8174）	（2.8333）	（6.7476）	（6.6913）	（6.7410）	（4.5402）	（4.5398）	（4.5429）

续表

变量	制造业			采掘业			电力业		
	（1）	（2）	（3）	（4）	（5）	（6）	（7）	（8）	（9）
	$\ln y_1$	$\ln y_1$	$\ln y_1$	$\ln y_2$	$\ln y_2$	$\ln y_2$	$\ln y_3$	$\ln y_3$	$\ln y_3$
控制变量	是	是	是	是	是	是	是	是	是
时间固定效应	是	是	是	是	是	是	是	是	是
城市固定效应	是	是	是	是	是	是	是	是	是
N	2541	2541	2541	2464	2464	2464	2533	2533	2533
调整的R^2	0.750	0.748	0.746	0.433	0.442	0.434	0.332	0.332	0.332
ll	–241.3	–250.8	–263.8	–2375.3	–2354.0	–2371.3	–1456.0	–1455.3	–1455.9

注：*** 为 1% 的显著性水平；括号内是稳健标准误。

4.5.2.2 考虑不同地区异质性

依据各地区情况不同，将样本划分为东部地区、中部地区、西部地区，分组估计税收分成变化的系数。表4–8列（1）、列（2）、列（3）是东部地区税收分成对工业行业规模的回归结果。可以看到，东部地区营业税分成、企业所得税分成对工业行业规模分别在1%、5%显著性水平上产生正向影响，即地方营业税分成、地方企业所得税分成提高，有助于工业行业规模扩大。列（4）、列（5）、列（6）是中部地区税收分成对工业行业规模的回归结果。可以看到，地方增值税分成、地方营业税分成对工业行业规模分别在1%、5%显著性水平上产生正向影响，即地方增值税分成、地方营业税分成提高，有助于工业行业规模扩大。列（7）、列（8）、列（9）是西部地区税收分成对工业行业规模的回归结果。可以看到地方增值税分成、地方营业税分成、地方企业所得税对工业行业规模分别在1%、1%、5%显著性水平上产生正向影响，即地方增值税分成、地方营业税分成、地方企业所得税分成提高，有助于工业行业规模扩大。由此可见，面对东、中、西部不同地区，税收分成变化对工业行业规模的影响也具有异质性。

表 4-8　地区异质性估计结果

变量	东部地区			中部地区			西部地区		
	(1)	(2)	(3)	(4)	(5)	(6)	(7)	(8)	(9)
	lny	lny	lny	lny	lny	lny	lny	lny	lny
tax_{it1}	1.666 (1.7238)			9.454*** (2.3268)			10.59*** (1.8840)		
tax_{it2}		2.185*** (0.5080)			1.304** (0.6606)			2.714*** (0.6931)	
tax_{it3}			1.756** (0.7886)			0.387 (0.8001)			2.313** (1.0116)
常数项	-16.89*** (6.2120)	-18.77*** (6.1172)	-17.93*** (6.1699)	-62.71*** (4.2975)	-62.30*** (4.3581)	-63.35*** (4.3467)	-21.30*** (3.6374)	-20.67*** (3.6786)	-20.73*** (3.7077)
N	835	835	835	862	862	862	757	757	757
调整的R^2	0.858	0.861	0.858	0.867	0.865	0.865	0.785	0.779	0.776
ll	227.5	237.5	229.8	263.0	255.8	253.7	30.64	21.58	15.84

注：** 和 *** 分别为 5% 和 1% 的显著性水平；括号内是稳健标准误。

4.6　本章小结与启示

税收分成是政府间分配关系的重要组成部分，对各级政府财政收入及其工业经济发展策略产生直接影响。受经济下行压力增大、市场预期不足等影响，工业企业发展困难问题亟待解决。在前文研究宏观层面税收分成对经济发展影响的基础上，本章进一步探究中观层面税收分成对工业行业的影响。具体包括两个方面的内容：一是税收分成激励是否促进了工业行业发展，二是税收分成激励通过哪些途径和渠道影响工业行业发展。针对以上问题，本章首先实证检验了税收分成对我国工业行业发展的作用，其次分析了税收分成激励影响工业行业的理论逻辑和作用机理，最后进行相关的实证检验。

本书以2003—2012年中国284个地级市的面板数据为基础，使用《全国地市县财政统计资料》、《中国区域经济统计年鉴》、《中国税务年鉴》和CNRDS数据库等地区层面和中国工业企业数据库、中经网统计数据库等行业企业层面匹配得到的数据，通过构建双向固定效应模型、中介效应模型，实证检验地方增值税分成、地方营业税分成、地方企业所得税分成等对地方工业行业规模的影响，且通过机制检验发现，税收分成激励地方政府通过引入效应和支持效应促进当地工业发展，再次验证基准回归结果的合理性，为理解税收分成改革的影响及中观作用机制提供了依据。

研究发现，税收分成变化会促使地方政府发展工业经济的财政收益提高，由此产生的财政激励扩大了工业行业规模。这一结论通过了更换被解释变量、调整样本时间等稳健性检验，表明地方增值税分成、地方营业税分成、地方企业所得税分成等改革对工业行业发展的促进作用是稳健的。控制变量如人均GDP、人口规模、受教育水平、固定资产投资等对地方工业行业发展的影响基本符合主流研究的相关结论。同时，税收分成激励地方政府通过财税金融、土地等相关政策引进新的企业、支持现有企业扩大规模等方式促进当地工业发展，即通过引入效应、支持效应促进当地工业规模扩大。此外，面对东、中、西部不同地区和不同行业结构，税收分成变化对工业行业规模的影响也具有异质性。为此，本书不仅丰富了税收分成激励理论方面的文献，对于优化政府促进工业发展方式、处理好政府与市场关系也具有重要价值。

第5章　税收分成的微观效应：企业创新

5.1　问题的提出

创新是第一动力。企业是创新的主体，是推动创新创造的生力军。习近平总书记在党的二十大报告中指出，“坚持创新在我国现代化建设全局中的核心地位”，“强化企业科技创新主体地位，推动创新链产业链资金链人才链深度融合”。近年来，国内市场主体创新数量持续增长，截至2023年底，国内42.7万家企业拥有有效发明专利290.9万件，企业数量较上年增加7.2万个，企业的创新主体地位不断强化和提升。同时，可以看到，创新动力不足、创新资金受限和依然不低的税负等影响企业加大研发投入，提升企业创新能力是加快我国高质量发展进程中最需要解决的问题。当前，在全球各个经济体中，政府对企业和微观经济的干预具有显著的影响力。例如，政府通过税收政策支持，可以有效促进企业创新（乔洪武等，2019）。正如Weingast（2009）指出的，地方政府的财政收益在很大程度上受到财政关系结构多样性的影响，地方政府的目标是确保财政收益最大化，因此，财政制度的设置会对地方政府产生相应的财政激励影响其行为决策，从而对该行政区域的企业产生影响。

税收分成在政府间的财政往来中占据核心地位，并且是从侧面审视政府与市场相互作用的关键维度。中国政府财政关系的主要特征之一就是分税制度以税收分成为核心，政府间不同的税收分成比例会导致不同的财政激励效应，进而影响地方政府的行为决策（谢贞发等，2019）。税收分成比例变动能够直接影响地方政府可支配财力，进而影响政府行为决策，其通过制定鼓励或限制创新发展的相关政策措施，影响企业创新活动。已有文献对税收分成激励重点集中在企业所得税分成、总体税收分成的影响效应方面，如征税努力（刘怡、刘维刚，2015）、企业逃税（吕冰洋等，2016）、政府土地配置（谢贞发等，2019）、企业活力（李建军等，2021）等，而增值税作为中国的主要税收来源，在地方政府财政状况和企业创新发展方面扮演着关键角色。随着2016年全面推行增值税改革政策，制造业企业缴纳的增值税地方分成有了明显增长。这一变化对地方政府的激励机制产生影响，进而影响企业的策略决策和创新活动。研究增值税分成制度的改革以及是否会对企业创新产生影响，对于深入理解企业创新的驱动因素和制度动因，以及把握中国财政体制改革与科技创新之间的逻辑联系，具有极其重要的意义。为此，本书将2016年增值税分成改革视为一项准自然实验，深入探讨税收分成与企业创新的理论逻辑与作用机理，并实证检验增值税分成改革带来的财政激励对企业创新行为的影响。

5.2 理论分析

从政府与市场角度来看，财税关系是政府和企业双边关系的核心内容。提高财政可支配收入是地方政府追求的一项关键目标。为了达到这个目标，地方政府倾向于支持能够缓解其财政预算压力的政策，这是财政激励策略的核心理念（Weingast，2009）。税收分配制度的改革清楚界定了中央与地方政府之间的财政分配职责，即改变了中央和地方政府之间的税收分配比例。这种改变可能会影响地方政府可自由支配的财政资源，进而改变其财政预算的限制。因此，作为税收分配制度改革核心的政府间税收分配机制，可能会产生财政激励效应，影响地方政府的行为决策，并可能通过税收效应或支持效应，对辖区内的企业创新活动产生影响。2016年的增值税分成改革，导致省以下地方政府的增值税分成比例由原来的25%大幅提高至50%，地方政府在支持制造业企业的创新发展和提升制造业企业税收征收方面的财政利益均显著增加。总体来看，增值税分成形成的财政激励，可能会从企业支持效应、征税效应两个方向影响企业创新活动，需要通过实证分析进一步探究。

一是税收分成激励带来的征税效应影响。税收分成机制具有激励地方政府加强税收征管的特点，随着税收分配比例的提升，地方政府通过征税获得的税收收入相应增加。因此，税收分成比例的增加会激发地方政府强化税收征管，进而可能导致企业实际税率上升（吕冰洋等，2016）。同时，税收负担（包括总体税收负担、直接税收负担和间接税收负担）的加重会对企业的创新能力产生不利影响，且间接税收的负面影响通常超过直接税收（李林木、汪冲，2017）。这表明，税收分成与地方政府的税收征管之间存在正向关联，与企业创新发展的促进存在负向关联，即税收分成比例的增加可能会提高企业实际税率，对企业的创新活动产生不利影响。具体来看，地方政府的税收努力与其获得的税收分成比例呈正相关关系，因此，提高地方政府的税收分成比例将激发它们更加主动地加强税收征管工作（吕冰洋等，2016）。随着地方税收分配比例的上升，地方政府在征税方面的动力增强，从而带来税收的增加，强化税收征管措施能够减少企业的避税行为，并可能导致企业面临更高的实际税率（Chen，2017）。可见，增值税分配给地方政府的比例增加可能会引发税收效应，导致企业面临更高的实际税率，这可能削弱企业的创新动力（马双等，2019）。可以预见，增值税的地方分成比例提升可能会由于地方政府的过度征税行为对企业创新能力产生负面影响。基于此，提出研究假设如下。

H_1：税收分成的提高可能会导致地方政府的过度征税行为，对企业产生负向征税效应，进而提高企业实际税率，抑制企业创新活动。

二是税收分成激励带来的支持效应影响。税收分成机制能够有效激发地方政府保护税基的积极性，因为，税率上升可能会对企业造成不利影响，甚至导致资本外流，进而引起税基减少。税收分成比例的增加会加剧税收征管的潜在损失，意味着税收分成越高，地方政府承受的税基减少带来的损失就越重。为了减少这些损失，地方政府可能会更有动力保护税基，并采取措施支持地方企业的创新活动，以促进企业的持续增长。正如周黎安（2007）提出的，在经济增长作为核心绩效评估标准的体系中，地方政府之间的竞争激发了它们保护税基和培育当地税源的动力，进而促进了本地经济的繁荣。随着税收分成激励的增加，地方政府可能会采取措施，如放宽税收征收标准、提供创新资助等（吕冰洋等，2016），激励企业的创新活动。具体而言，税收分成的提升会促使地方政府扶持那些对税收贡献大的产业和企业，通过财政支出、税收减免、财政补助、融资便利等手段，助力高税收贡献行业及企业的发展和成长（Xu，2011；谢贞发等，2019）。根据Han和Kung（2015）的研究，随着地方企业所得税的分享比例逐渐降低，地方政府开始将发展焦点转向与土地有关的行业，如房地产和建筑业，因为，这些行业的财政收益，尤其是土地出让金，不需要与上级政府共享。张明（2017）的研究表明，税收分成比例的增加可以有效地激励地方政府积极扩大税基，如通过支持辖区内的企业发展来实现。因此，提高税收分成有可能进一步激励地方政府加强对税基的保护，如增值税的分成激励可能引发对企业发展的支持效应，政府可能会在财政支出、税收优惠、信贷支持等方面为企业提供支持，从而推动企业创新。基于此，提出研究假设如下。

H_2：税收分成有助于提升地方政府的财政收入，进而激励地方政府实施保护税基的政策，形成税收分成的企业支持效应，进而促进企业创新活动。

5.3 研究设计

5.3.1 模型设定

$$Innovation_{it}=\beta_0+\beta_1 Vat_i\times Post_t+\beta_2 X_{it}+\mu_i+v_t+\varepsilon_{it} \tag{5-1}$$

其中，$Innovation_{it}$为被解释变量，即企业i在t年的创新情况。Vat_i为是否属于处理组的虚拟变量，若企业属于处理组，则该变量取值为1；若企业属于控制组，则取值为零。时间虚拟变量设置为$Post_t$，若企业样本对应的年份在2016年或之后，则该变量取值为1；否则等于零。交互项$Vat_i\times Post_t$为政策处理效应变量，系数β_1为我们关注的政策处理效应。X_{it}表示一系列影响企业的特征变量。μ_i为企业固定效应，用来控制那些无法观测的企业之间差异造成的影响。v_t为时间固定效应。ε_{it}为随机扰动项。

5.3.2　变量说明

5.3.2.1　被解释变量

本书的被解释变量为企业创新（$Innovation_{it}$）。结合相关研究文献，本书选择专利申请量的对数值作为企业创新的衡量指标，即总专利申请数是由设计、发明和实用新型专利的申请量总和构成的。这一指标能够有效地衡量企业的创新成果及其资源利用效率。相比之下，专利授权量受到诸如检测、缴费年费等外部因素的干扰，表现出更大的不确定性和波动性，因此，本书未采用专利授权量作为衡量指标。此外，为了减少数据偏态的影响，本书对专利申请数据进行了上下1%的缩尾处理，并对处理后的数据加1取自然对数。

5.3.2.2　核心解释变量

本书的核心解释变量为地方增值税分成，即企业缴纳增值税占地区增值税收入的份额。本书使用DID模型，考察增值税分成改革后如何影响企业创新。增值税分成改革政策的制定、审查和执行流程较为烦琐，本书中的企业样本无法对这一全国性的政策决策产生直接影响，意味着对于这些企业来说，增值税改革是一个外部事件，提供了一个难得的准自然实验机会。尽管如此，在使用这种准自然实验研究税收分成变动对企业创新的影响时，仅通过比较改革前后的创新变化得出结论是不够的，因为，其他未观测到的因素也可能影响企业创新。企业上缴的增值税占当地增值税总额的比例越高，表明该企业在改革后为地方政府带来的潜在财政收益越大，从而地方政府的财政激励强度也越大。为了准确识别增值税改革与企业创新之间的联系，本书精心设计处理组和控制组，并采用DID进行估算。

本书借鉴Vig（2013）、Campello和Larrain（2016）、李建军和吴懿（2021）、张同斌（2023）等的处理方法，以增值税分成改革全面实施对不同企业的差异性影响为切入点构建处理组和控制组。本书使用增值税分成改革实施前两年即2014年和2015年企业缴纳增值税占地区增值税收入比例的平均值对所有企业进行分组。若某家企业的增值税缴纳额占地区总增值税收入的比例超过了所有企业均值中位数，则表明该企业受到了税收分成改革较大的影响，因此，应该将其归入处理组。若某家企业增值税均值低于所有企业均值的中位数，则将其归入控制组。由于企业未公布年度实缴增值税额，本书利用企业财务报表中“销售商品、提供劳务收到的现金”减去“购买商品、接受劳务支付的现金”，以差额除以“1+增值税税率”再乘以增值税税率，估算企业缴纳的增值税（余新创，2020）。

5.3.2.3 控制变量

参考Acemoglu和Restrepo（2018）的研究，本书对诸多企业属性变量进行了控制，这些变量包括企业规模（*Size*）、企业年龄（*age*）、资产负债率（*Roa*）、托宾*Q*值、总资产收益率等。其中，企业规模（*Size*）以企业年末劳动力数量取自然对数衡量；企业年龄（*age*）采用当年年份加1减去企业上市年份；资产负债率（*Roa*）以企业负债占总资产的比重衡量；托宾*Q*值以资本的市场价值与其重置成本的比重衡量；总资产收益率以净利润与平均资产总额的比重衡量。

5.3.3 数据来源

本书以2012—2018年中国上市企业面板数据为基础，就税收分成对企业创新的影响进行回归分析。使用2012—2018年的数据，可以在包含增值税分成改革时点的同时，成功规避2008年爆发的国际金融危机冲击。鉴于国际金融危机前后全球经济状况变化显著，将危机年份纳入分析可能导致难以准确捕捉到外部冲击对企业创新的即时影响。本书采用的为企业层面数据和地区层面（地级市）数据，企业层面数据来源于CSMR数据库，其中，包含关键的企业财务资料；地区层面数据主要取自CEIC数据库、《全国地市县财政统计资料》、《中国区域经济统计年鉴》、《中国税务年鉴》等。

在实施“营改增”之前，建筑业以及除批发零售业外的服务业企业需缴纳营业税，这些营业税收入完全归地方政府所有。然而，随着“营改增”的推行，这些企业开始缴纳增值税，地方政府的分成比例从原来的100%减少到50%，导致地方政府从这些行业中获得的财政受益显著减少。与此相反，制造业企业在改革前后面临的是稳定的税制。2016年增值税分成改革之后，制造业企业缴纳的增值税地方分成比例从25%提升至50%，使得地方政府从制造业获得的税收大幅上升。因此，地方政府对制造业发展的支持可以带来更高的财政回报。制造业企业在改革前后没有经历税制的转变，这为准确识别增值税分成改革对财政激励的影响创造了有利条件。因此，本书将2012—2018年中国上市制造业企业作为样本进行回归分析。变量描述性统计见表5-1。

表 5-1　变量描述性统计

变量	观测值	均值	标准误	最小值	最大值
总专利数量	17866	2.127	1.628	0.000	9.228
Size	17832	7.448	1.496	0.693	13.254
age	17864	17.384	5.875	0.000	64.000
Roa	13856	0.410	0.615	0.008	63.971
托宾*Q*值	12547	2.545	3.885	0.694	163.089
总资产收益率	11740	0.416	0.115	–3.911	7.445

5.4　实证结果分析

5.4.1　基准回归结果

采用逐步回归方式的基准回归结果如表5-2所示。其中，列（1）仅加入了增值税分成改革实施政策变量，此时交互项的系数显著为正。列（2）、列（3）列引入影响创新的企业特征控制变量后，交互项 $Vat_i \times Post_t$ 的系数依然显著。企业创新活动可能受到行业特性、地理分布和特定时期等多种因素影响，例如，在某些年份，特别是在政府推行激励企业创新的政策之后的时间段内，企业的创新活动规模有所扩大；又如，不同行业的创新门槛因行业特性而异。此外，企业在各地区分布不均，尤其是东部沿海地区企业较多，这可能与东部沿海地区成熟的市场环境有关。因此，在列（4）中，我们逐渐纳入了行业、年份和地区的固定效应。分析结果显示，随着固定效应的引入，增值税分成改革对企业创新的影响系数有所调整，但增值税分成改革对企业创新具有促进作用的观点并未改变。

表 5–2 增值税分成改革实施对企业创新的影响

变量	（1）	（2）	（3）	（4）
$Vat_i \times Post_t$	0.211*** （0.031）	0.104** （0.043）	0.113* （0.063）	0.281*** （0.060）
Size		0.316*** （0.026）	0.313*** （0.026）	0.305*** （0.026）
age		–0.023*** （0.006）	–0.024*** （0.007）	–0.025*** （0.007）
Roa		0.298** （0.146）	0.305** （0.142）	0.366** （0.148）
托宾 *Q* 值		–0.034*** （0.011）	–0.048*** （0.013）	–0.047*** （0.013）
总资产收益率		1.119*** （0.359）	1.108*** （0.361）	0.993*** （0.330）
常数项	2.051*** （0.031）	0.115 （0.231）	0.031 （0.227）	0.090 （0.255）
行业固定效应		是	是	是
年份固定效应			是	是
地区固定效应				是
R^2	0.004	0.100	0.103	0.146
N	17866	11097	11097	11097

注：*、**、*** 分别表示在 10%、5%、1% 的水平上显著；括号内为聚类到企业层面的稳健标准误。

控制变量结果显示，企业规模（*Size*）、企业年龄（*age*）、资产负债率（*Roa*）、托宾*Q*值、总资产收益率的估计系数均在10%以上水平显著，说明企业规模、企业年龄、资产负债率、托宾*Q*值、总资产收益率是企业层面影响企业自主创新水平的重要因素。其中，企业规模变量的系数显著为正，说明企业规模对创新有显著的促进作用，由于规模越大的企业越有能力承担自主创新的风险，以及投入更多创新所需的要素，其创新产出也越强（周黎安、罗凯，2005；于洋、方森辉，2023）。企业年龄变量的系数显著为负，说明企业年龄对创新有明显的负面影响，随着企业年龄的增长，其创新成果趋向于减弱。这可能是因为成立时间越长的企业越容易存在机制、价值观、环境等方面的问题，进而影响创新的能力和动力。资产负债率变量的系数显著为正，表明资产负债率对企业创新具有正向的促进作用，企业通过银行等金融机构筹集资金加大创新投入。托宾Q值变量的系数显著为负，说明企业市场价值与重置资本的比例越高，企业的创新活动越少。总资产收益率变量的系数显著为正，表明企业的盈利能力越强，越有充足的资金和要素资源等创新投入，促进企业创新。

5.4.2　平行趋势检验

本章参考罗明津和铁瑛（2021）等的研究，从样本数据的第一年（2012年）开始，构建动态DID模型进行检验。

$$Innovation_{it} = \beta_0 + \sum_{n=-3}^{6} \beta_n (Vat_i \times Post_t)_{it}^{n} + \beta_2 X_{it} + \mu_i + v_t + \varepsilon_{it} \tag{5-2}$$

其中，$Vat_i \times Post_t$表示政策虚拟变量和一系列年份虚拟变量的交互项；$n=0$表示税收分成政策的实施当年（2016年），n取负值或正值则分别指代税收分成政策实施之前或之后；其他符号和变量的定义与基准模型保持一致。本章估计了交互项系数β_n的值以及95%的置信区间并绘制成图，结果如图5-1所示。税收分成实施前的交互项系数均不显著，而从改革实施当年开始交互项的系数变得显著，说明在增值税分成改革推行之前，处理组企业与控制组企业在创新方面并未展现出显著的事前趋势差异，这符合平行趋势假设。另外，图5-1也显示了增值税分成改革对企业创新影响的动态效应。可以看出，增值税分成改革实施后的第一年（$n=1$）系数依然显著，但系数大小略有下降；增值税分成改革实施后的第二年（$n=2$）系数不再显著，说明增值税分成改革对企业创新的促进效应是递减的。

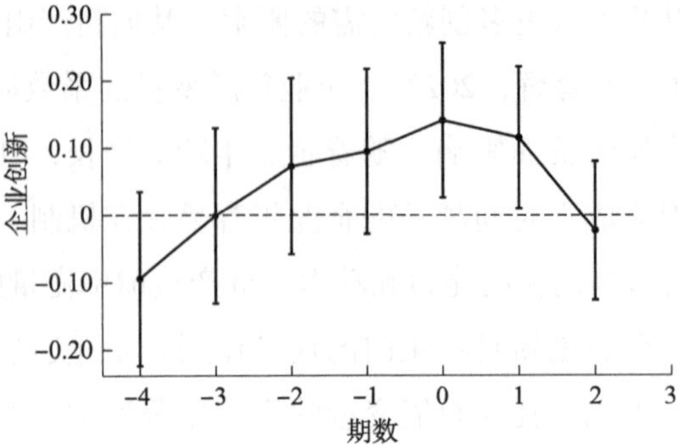

图 5-1 平行趋势检验

5.4.3 安慰剂检验

本书使用了改变事件发生时间的方法进行安慰剂检验。为了排除时间变化对企业创新效应的潜在影响，在维持原始政策冲击前样本（2012—2015年）不变的前提下，本书调整了政策冲击的时间点，分别向后推移了两年和三年，分别以$Post^{2014}$和$Post^{2013}$表示。如表5-3所示，交互项的估计系数在10%的显著性水平上均未显示统计学上的显著性，表明在税收分成改革实施之前，并未观察到对企业创新的显著促进作用。

表 5-3 安慰剂检验

变量	（1）	（2）
$Vat_i \times Post^{2014}$	−0.052 （0.075）	
$Vat_i \times Post^{2013}$		−0.024 （0.075）
Size	0.302*** （0.029）	0.302*** （0.029）
age	−0.025*** （0.008）	−0.025*** （0.008）
Roa	0.260* （0.158）	0.258 （0.159）
托宾 *Q* 值	−0.063*** （0.016）	−0.063*** （0.016）
总资产收益率	2.004*** （0.462）	1.995*** （0.465）

续表

变量	（1）	（2）
常数项	0.119 （0.259）	0.126 （0.263）
行业固定效应	是	是
年份固定效应	是	是
地区固定效应	是	是
R^2	0.098	0.098
N	5653	5653

注：*、*** 分别表示在10%、1%的水平上显著；括号内为聚类到企业层面的稳健标准误。

5.4.4　稳健性检验

本章还实施了一系列稳健性检验，包括替换被解释变量、进行剂量反应分析、构建强度DID模型，以排除样本期间内可能存在的其他政策干扰。

5.4.4.1　替换被解释变量

本书分别将设计型专利数量、发明型专利数量、实用型专利数量的对数值作为被解释变量进行回归。结果如表5-4列（1）至列（3）所示。列（1）、列（2）、列（3）的交互项系数均显著为正，表明替换被解释变量之后，核心解释变量仍在1%水平上显著为正，说明本书核心结论较为稳健。增值税分成改革实施仍然有效促进了企业创新，这与原基准回归结果一致，说明本书的结论较为稳健。另外，本书除了考虑企业创新的数量维度外，还考虑企业创新的质量维度。借鉴Aghion等（2019）的做法，选取企业专利被引用量衡量企业创新质量水平，即在剔除自引用情况下，企业专利被引用的次数越多，说明该专利的质量越高。本书利用国家知识产权局发布的《中国专利数据库》，将上市公司样本与其进行匹配，得到上市公司的专利引用数据。需要说明的是，外观设计专利没有专利引用信息，因此，本书以发明专利被引用数量、实用新型专利被引用数量测度企业创新的质量水平。考虑到技术更新迭代速度和专利申请周期，参考蒋殿春等（2021）、于洋和王宇（2021）等的做法，将上市公司在t年申请的每一项发明专利自$t+s$公开时到$t+s+3$年之间被引用的次数作为企业在t年专利质量的衡量指标。以企业发明申请专利3年内被引用数量的对数值、实用新型申请专利3年内被引用量的对数值分别作为被解释变量进行回归，结果如表5-4列（4）和列（5）所示，核心变量的估计系数仍然显著为正，说明增值税分成改革实施有助于提高企业的创新质量。

表 5-4 替换被解释变量的稳健性检验

变量	(1)	(2)	(3)	(4)	(5)
	设计型专利数量	发明型专利数量	实用型专利数量	发明专利被引用数量	实用新型专利被引用数量
$Vat_i \times Post_t$	0.352***	0.208***	0.191***	0.195***	0.073**
	(0.095)	(0.055)	(0.059)	(0.039)	(0.033)
Size	0.278***	0.328***	0.263***	0.328***	0.273***
	(0.037)	(0.029)	(0.029)	(0.028)	(0.025)
age	-0.002	-0.003	-0.007	0.015***	0.006
	(0.009)	(0.005)	(0.005)	(0.006)	(0.005)
Roa	0.764***	0.906***	1.074***	1.188***	1.273***
	(0.246)	(0.146)	(0.158)	(0.185)	(0.175)
托宾 *Q* 值	-0.011	-0.006	-0.040**	0.034**	-0.002
	(0.023)	(0.020)	(0.020)	(0.016)	(0.013)
总资产收益率	1.534***	0.797**	0.754***	0.750**	0.496**
	(0.580)	(0.329)	(0.256)	(0.348)	(0.214)
常数项	-0.986***	-0.205	-0.302	-0.444*	-0.078
	(0.347)	(0.254)	(0.256)	(0.242)	(0.223)
行业固定效应	是	是	是	是	是
年份固定效应	是	是	是	是	是
地区固定效应	是	是	是	是	是
R^2	0.185	0.188	0.164	0.157	0.190
N	2959	7653	6643	9375	8661

注：*、**、*** 分别表示在10%、5%、1%的水平上显著；括号内为聚类到企业层面的稳健标准误。

5.4.4.2 构建强度 DID 模型

借鉴李建军和吴懿（2021）的研究构建强度DID模型，采用税收分成改革实施前两年内企业增值税占地区增值税收入份额的均值，衡量企业受税收分成改革影响的程度，然后与*Post*相乘生成交互项$Incentive \times Post$，进行模型

（5-1）的估计，结果见表5-5列（1），交互项*Incentive*×*Post*系数为8.265，通过了5%的显著性检验，说明增值税分成改革产生的财政激励显著促进了企业创新。

5.4.4.3 考虑“营改增”和增值税税率变化

2012—2016年，中国分步骤推行了“营改增”政策。2016年，中国同时实施全面“营改增”与增值税分成改革。为排除“营改增”的减税效应对回归结果的干扰，本章在模型中加入了企业的增值税税负作为控制变量。表5-5列（2）的结果显示，控制“营改增”政策后，相对于基础回归结果，交互项系数略有变小，但仍在1%的水平上显著，表明结论并不受同期“营改增”政策的影响。在增值税分成政策推行后的2017年和2018年，中国实施了一系列税收减免措施。例如，2017年，废除了13%的增值税税率，并将适用该税率商品的税率调整为11%；2018年，增值税的基本税率从17%降至16%。这些减税措施减轻了企业的税收负担，推动了企业的创新活动。为了排除减税政策对研究结论的影响，本书删除了2018年的数据样本以及那些在2017年之前适用13%税率的企业样本，并在控制了企业的增值税税负后重新进行了回归分析，具体结果见表5-5列（3）。结果显示交互项系数仍然显著为正，说明本书的结论并未受到同时期减税政策的干扰。

表5-5 强度DID模型、“营改增”、增值税税率变化的稳健性检验

变量	（1）	（2）	（3）
Incentive×*Post*	8.265** （3.473）		
$Vat_i \times Post_t$		0.279*** （0.060）	0.249*** （0.063）
Size	0.317*** （0.027）	0.305*** （0.026）	0.306*** （0.027）
age	−0.027*** （0.008）	−0.025*** （0.007）	−0.026*** （0.007）
Roa	0.306** （0.152）	0.377** （0.151）	0.363** （0.168）
托宾*Q*值	−0.048*** （0.014）	−0.047*** （0.014）	−0.047*** （0.014）

续表

变量	(1)	(2)	(3)
总资产收益率	0.956*** (0.342)	0.994*** (0.329)	1.077** (0.518)
增值税税负		0.247 (0.798)	
常数项	0.040 (0.277)	0.079 (0.255)	0.160 (0.267)
行业固定效应	是	是	是
年份固定效应	是	是	是
地区固定效应	是	是	是
R^2	0.153	0.146	0.143
N	9653	11096	9185

注：**、***分别表示在5%、1%的水平上显著；括号内为聚类到企业层面的稳健标准误。

5.5 进一步分析

5.5.1 作用机制

本节主要考察税收分成激励通过哪些途径对企业创新产生影响。初步分析表明，研发支出、融资约束是税收分成激励影响企业创新的两个重要作用机制。

一是税收分成激励与研发支出。2016年的增值税分成改革属于财力下移式税收划分调整，可能激励地方政府通过增加科技型财政支出和税收优惠政策等，引导企业增加创新支出，从而促进企业创新。本书以研发支出（*Research*）为研发费用取对数，进行机制检验，结果如表5-6所示。表5-6列（1）结果显示，交互项$Post \times Research$的系数在1%显著水平上为正，即如果一家公司在改革之前上缴的增值税在其所在地区的增值税总量中所占比例比其他公司高出1个百分点，那么增值税分成改革预计会导致该公司的研发支出增加34.7%。改革会使缴纳增值税占地区增值税收入的份额更高的“纳税大户”实际上研发费用支持更高。

二是税收分成激励与融资约束。融资缺口、融资难度大以及融资成本上升是影响企业创新能力的关键因素。企业融资的主要途径是银行信贷，然而信贷资金是有限的。受税收分成政策的激励，地方政府可能会通过其对金融机构的影响力，支持相关企业拓展融资渠道，助推企业创新。本书借鉴许和连和王海成（2018）的研究，选择应收账款净额/营业总收入衡量企业融资约束（*Credit*）。表5-6列（2）结果显示，交互项*Post*×*Credit*系数显著为正，表明增值税分成产生的财政激励，有利于企业信贷资源获取，促进企业创新。

表 5-6　机制检验

变量	（1）	（2）
Post	−5.901*** （0.662）	0.076 （0.079）
Post×*Research*	0.347*** （0.037）	
Post×*Credit*		0.780*** （0.189）
Size	0.153*** （0.030）	0.312*** （0.026）
age	−0.018*** （0.007）	−0.023*** （0.007）
Roa	0.201 （0.145）	0.360** （0.148）
托宾 *Q* 值	−0.042 （0.036）	−0.046*** （0.013）
总资产收益率	1.076*** （0.345）	1.064*** （0.347）
常数项	0.830 （0.952）	−0.006 （0.257）
行业固定效应	是	是
年份固定效应	是	是
地区固定效应	是	是
R^2	0.204	0.148
N	1886	11075

注：**、***分别表示在5%、1%的水平上显著；括号内为聚类到企业层面的稳健标准误。

5.5.2 异质性分析

5.5.2.1 不同行业企业的创新异质性影响

基于增值税分成产生的财政激励，地方政府对不同行业企业的创新促进作用不同，本章从企业行业属性考察企业创新程度的异质性。由于不同行业企业经营策略存在差异，如有的行业企业以科技研发为核心、有的行业企业以优质服务或产品质量为重点，企业所处行业会影响其技术创新的程度。基于此，我们借鉴鲁桐和党印（2014）的做法，构建*Industry*变量，若为技术密集型企业，则赋值为1，否则为零，构建三重差分模型，结果见表5-7列（1）。交互项$Post \times Industry$的系数显著为正（1.270），并通过1%显著性检验，表明增值税分成产生的财政激励对企业创新的促进作用，对技术密集型企业的效应更大。

5.5.2.2 地区财政自给率的异质性影响

税收是地方财政收入的主要来源，较高的财政自给率意味着地方财政支出更依赖于本地税源建设，因此，对税收分成的激励更为敏感（谢贞发等，2019）。税收分成激励会促使地方政府积极涵养税源、保护税基，从而有助于企业长期发展，特别是对地方财政收入贡献较大的企业（乔洪武、朱亚男，2019）。因此，财政自给率较高的地区，其地方政府对增值税分成比例提升的财政激励反应更为强烈，对企业创新的影响也更显著。本章参照祝继高等（2020）的研究方法，通过计算地区一般公共预算支出与收入之差占支出的比例衡量财政自给率（*Fiscal*），该比例越小意味着财政自给率越高。采用DID模型进行估计。表5-7列（2）结果显示，三重差分项的系数显著为负，说明财政自给率较高的地区，增值税分成对企业创新的正面影响更显著，与我们的理论分析相符。

表 5-7 异质性检验

变量	（1）	（2）
Post	−0.556*** （0.063）	0.343*** （0.088）
Post × *Industry*	1.270*** （0.068）	
Post × *Fiscal*		−0.314** （0.159）
Size	0.266*** （0.019）	0.276*** （0.020）
age	−0.033*** （0.005）	−0.034*** （0.005）
Roa	−0.523*** （0.108）	−0.698*** （0.115）
托宾 *Q* 值	−0.002* （0.001）	−0.002 （0.001）
总资产收益率	−0.125 （0.162）	−0.137 （0.176）
常数项	0.353** （0.178）	0.244 （0.185）
行业固定效应	是	是
年份固定效应	是	是
地区固定效应	是	是
R^2	0.167	0.130
N	17593	17593

注：*、**、*** 分别表示在 10%、5%、1% 的水平上显著；括号内为聚类到企业层面的稳健标准误。

5.6 本章小结与启示

税收分成机制作为政府之间财政关系的关键组成部分，对经济社会的发展以及企业的行为选择产生了重大影响。受经济下行压力增大、市场预期不足等影响，企业发展困难问题亟待解决。在前文研究中观层面税收分成对产业发展影响的基础上，本章进一步探究微观层面税收分成对企业创新的影响。

具体包括两个方面的内容：一是税收分成激励是否促进了企业创新，二是税收分成激励通过哪些途径影响企业创新。针对以上问题，本章首先实证检验了税收分成对我国企业创新的作用，其次分析了税收分成激励影响企业创新的理论机制，最后进行了相关实证检验。

本章将2016年的增值税分成改革作为地方财政激励变化的外生冲击事件，使用CSMR 2012—2018年中国上市公司数据，以及CEIC数据库、《全国地市县财政统计资料》、《中国区域经济统计年鉴》、《中国税务年鉴》等地区层面（地级市）的税收数据，使用增值税分成改革实施前两年即2014年和2015年企业缴纳增值税占地区增值税收入份额的均值对所有企业进行分组。若某个企业缴纳增值税占地区增值税收入份额的均值高于所有企业均值的中位数，则说明该企业受税收分成改革的影响较大，故将其划分至处理组中；若某个企业增值税均值低于所有企业均值的中位数，则将其归入控制组，以此构建DID模型，探讨增值税分成制度改革对企业创新的效应，为进一步理解该改革的影响及其在微观层面的作用机制提供了实证基础。

研究发现，增值税分成改革使地方政府发展经济的财政收益提高，由此产生的财政激励提升了企业创新能力。这一结论通过了平行趋势检验、更换被解释变量、控制“营改增”和减税政策影响等稳健性检验，表明增值税分成改革对企业创新的促进作用是稳健的。企业规模、企业年龄、资产负债率、托宾Q值、总资产收益率等因素对企业创新的影响基本符合主流研究的相关结论。此外，研究还揭示了地方政府对企业发展的支持会促使企业增加研发投资，进而推动企业创新。最后，增值税分成改革对企业创新的正面影响在技术密集型企业和财政自给率较高的地区更为显著。本书不仅扩展了税收分成激励理论的研究成果，也为政府如何更有效地促进企业发展、平衡政府与市场关系提供了政策启示。

第 6 章　研究结论与政策建议

财政是国家治理的基础和重要支柱。分税制是推动中国经济社会发展的重要制度因素。税收分成是分税制改革的核心内容，通过调整政府间财政分配关系影响地方政府行为决策，进而影响地方政府运行效率和经济社会公平。长期以来，地方政府在经济发展过程中发挥着至关重要的作用。分税制改革明确了中央与地方的财政分配关系，但未对省以下财政分配关系做出统一调整。由此，各省份参照中央与地方的税收分成制度安排，各自调整本省各级政府间税收关系。分税制改革在重塑中央与地方财政分配关系的同时，间接影响了地方政府的行为选择。这是因为不同的政府间税收分成关系将产生不同的财政激励，从而影响地方政府的行为选择，进而作用于辖区内的经济绩效和结构特征。因此，如何通过科学合理的政府间税收分成关系与财政制度设计激励地方政府行为，是富有理论与实践意义的重要问题。本书选取税收分成与地市级政府的经济行为作为研究对象，系统地从宏观层面、中观层面、微观层面三大维度探讨了税收分成对经济增长、税收分成对工业行业发展、税收分成对企业创新的经济效应，以期更好地理解中国地市级政府经济变化轨迹背后的制度诱因，为未来省以下税收分成制度等财政体制改革提供重要的理论和实证参考。

6.1　研究结论

6.1.1　税收分成与经济增长

分税制是推动经济增长的重要制度因素。税收分成是分税制改革的核心内容，通过调整政府间财政分配关系影响地方政府行为决策，进而作用于地方经济增长。本书以2000—2016年地级市层面的税收面板数据为基础，使用《中国城市统计年鉴》、《全国地市县财政统计资料》、《中国区域经济统计年鉴》、《中国税务年鉴》、CNRDS数据库、CEIC数据库等数据，通过分析税收分成与经济增长的理论模型和作用机理，同时基于2000—2016年地级市层面的税收面板数据，多维度实证检验了地级市政府的增值税分成、营业税分成、企业所得税分成激励对地方经济发展的宏观效应。

研究发现，税收分成对地方经济增长有显著正向影响，即增值税分成、营业税分成、企业所得税分成激励促进了地方经济增长，并且在采取调整样本周期、剔除省会城市等方法进行一系列稳健性检验后，这一结论依然成立，表明税收分成对地方经济增长的促进作用是稳健的。人口密度、消费率、产业结构、城乡发展差距等因素对地方经济增长的影响基本符合主流研究的相关结论。同时，存在财政支出结构这种中介效应，税收分成激励地方政府通过经济性支出、社会性支出等不同财政支出行为，进一步影响地方经济增长。此外，通过异质性分析发现，在第二产业占GDP比重较大、财政自给率较高、资源禀赋相对较好的东部地区等的地级市，税收分成的激励效应总体上对经济增长的影响更显著。

6.1.2　税收分成与工业行业发展

税收分成是政府间分配关系的重要组成部分，对各级政府财政收入及其工业经济发展策略产生直接影响。受经济下行压力增大、市场预期不足等影响，工业企业发展困难问题亟待解决。本书以2003—2012年中国284个地级市的面板数据为基础，使用《全国地市县财政统计资料》、《中国区域经济统计年鉴》、《中国税务年鉴》和CNRDS数据库等地区层面及中国工业企业数据库、中经网统计数据库等行业企业层面匹配得到的数据，通过构建双向固定效应模型、中介效应模型，实证检验增值税分成、营业税分成、企业所得税分成等对地方工业行业规模的影响，且通过机制检验发现，税收分成激励地方政府通过引入效应和支持效应促进当地工业发展，再次验证基准回归结果的合理性，为理解税收分成改革的影响及中观作用机制提供了依据。

研究发现，增值税分成、营业税分成、企业所得税分成等改革使地方政府发展工业经济的财政收益提高，由此产生的财政激励扩大了工业行业规模。这一结论通过了更换被解释变量、调整样本周期等稳健性检验，表明增值税分成、营业税分成、企业所得税分成等改革对地方工业行业发展的促进作用是稳健的。控制变量如人均GDP、人口规模、受教育水平、固定资产投资等对地方工业行业发展的影响基本符合主流研究的相关结论。同时，发现税收分成激励地方政府通过财税金融、土地等相关政策引进新的企业、支持现有企业扩大规模等方式促进当地工业发展，即通过引入效应、支持效应促进当地工业规模扩大。此外，面对东、中、西部不同地区和不同行业结构，税收分成变化对工业行业规模的影响也具有异质性。因此，本书不仅丰富了税收分成激励理论方面的文献，对于优化政府促进工业行业发展方式、处理好政府与市场关系也具有重要价值。

6.1.3 税收分成与企业创新

作为政府间财政分配关系的重要组成部分，税收分成制度对经济社会发展乃至企业行为产生着深刻的影响。受经济下行压力增大、市场预期不足等影响，企业发展困难问题亟待解决。将2016年增值税分成改革作为地方财政激励变化的外生冲击事件，使用CSMR数据库2012—2018年中国上市公司数据，以及CEIC数据库、《全国地市县财政统计资料》、《中国区域经济统计年鉴》、《中国税务年鉴》等地区层面（地级市）的税收收入数据，使用“营改增”实施前两年即2014年和2015年企业缴纳增值税占地区增值税收入份额的均值对所有企业进行分组。若某个企业缴纳增值税占地区增值税收入份额的均值高于所有企业均值的中位数，则说明该企业受税收分成改革的影响较大，故将其划分至处理组中；若某个企业增值税均值低于所有企业均值的中位数，则将其归入控制组。以此构造DID模型，实证检验了增值税分成改革对企业创新的影响，为理解增值税分成改革的影响及微观作用机制提供了依据。

研究发现，增值税分成改革使地方政府发展经济的财政收益提高，由此产生的财政激励提升了企业创新能力，这一结论通过了平行趋势检验、更换被解释变量、控制“营改增”和减税政策影响等稳健性检验，表明增值税分成改革对企业创新的促进作用是稳健的。企业规模、企业年龄、资产负债率、托宾Q值、总资产收益率因素对企业创新的影响基本符合主流研究的相关结论。同时，地方政府支持企业发展，使企业增加研发支出，从而促进了企业创新。最后，增值税分成改革对企业创新的促进作用对技术密集型企业、位于财政自给率较高地区企业的效应更大。本书不仅丰富了税收分成激励理论方面的文献，对于优化政府促进企业发展的方式、处理好政府与市场关系也具有政策价值。

6.2 政策建议

6.2.1 建立完善省以下税收分成与经济增长的财政激励制度

科学合理的财政激励制度设计能直接影响政府间财政收入分配关系，也能通过财政激励影响地方政府行为选择，进而作用于地方经济增长。从未来政策制定的角度来看，省以下税收分成制度的调整，需要审慎考虑政策变化对地方政府行为产生的可能影响，以及对地区经济增长产生的作用效应。通过上述税收分成的宏观经济效应可以看出，税收分成激励地方政府的不同财政支出行为，地方通过经济性财政支出行为和社会性财政支出行为影响当地经济增长。《国务院办公厅关于进一步推进省以下财政体制改革工作的指导意见》明确要求，加快完善省以下政府间财政关系，优化相关权责配置。为此，省以下税收分成制度设计要有利于促进地方经济高质量发展，充分激发基层政府在推进基础设施建设、优化基本公共服务供给、营造良好营商环境等方面的积极作用。2023年12月，中央经济工作会议明确提出，必须把坚持高质量发展作为新时代的硬道理，完整、准确、全面贯彻新发展理念，推动经济实现质的有效提升和量的合理增长。总的来说，在当前基层政府财政收支压力较大、需要加快地方化债的背景下，省以下税收分成比例应当适当向地级市、县级政府倾斜，具体倾斜的比例和形势应根据当地实际情况调整优化。此外，健全动态调整机制，强化税收分成制度激励的宏观效应，激励地方政府通过平衡经济性财政支出、社会性财政支出的比例促进地方经济高质量发展。

6.2.2　建立完善省以下税收分成与工业行业发展的财政激励制度

省以下财政体制改革不仅需要合理划分各级政府间的事权、财权、财力，而且要综合考量不同的税收分成比例设计对地方政府行为的影响及其效应。同时，应根据不同区域的实际情况，推行有差别的、相对合理的税收分成制度，完善激励约束机制，促进地方财政治理体系和治理能力的现代化。长期以来，工业经济既是中国经济增长的重要支柱，也是地方财政的重要税源。地方政府为追逐工业经济发展带来的GDP增长和财政收益，会采取相关政策措施开展横向竞争、争夺税源。在此过程中，财政激励机制改革会对地方政府行为选择产生重要影响。通过上述税收分成的中观经济效应可以看出，税收分成激励地方政府通过财税金融、土地出让等相关政策，引进新的企业、支持现有企业扩大规模，进而促进当地工业行业发展。当前，中国式现代化建设进入新发展阶段。中央经济工作会议明确提出，大力推进新型工业化，以科技创新引领现代化产业体系建设。总的来说，新形势下，省以下税收分成制度设计要有利于现代化产业体系建设，充分激发地方政府大力推进新型工业化的能动性。例如，增值税分成比例适当向地市级政府、县级政府等倾斜，加快建立完善资源税、财产税等地方税体系，增加基层政府的财政收入，缓解财政收支缺口压力。具体来看，探索结构性财政激励制度设计引导地方行为方向，根据国家发展产业导向促进某些产业发展，同时有意识地推进某些产业改造升级，从制度上抑制地方政府为争夺税源的粗放短期发展行为，避免传统工业领域的低水平重复建设。此外，考虑到不同地区的差异，探索有差别的政府间税收分成制度设计，因地制宜更好地发挥财政激励作用。

6.2.3　建立完善省以下税收分成与企业创新的财政激励制度

税收分成变化不仅能从宏观上影响地方经济，还能从微观上影响企业行为。税收分成制度安排通过影响政府行为决策影响企业创新活动。一般来说，研究税收分成与企业创新之间的关系，为在理论上探讨宏观政策行为与微观经济基础之间的相互作用提供了一个思路。通过上述税收分成的微观经济效应可以看出，税收分成激励地方政府通过创新政策、融资政策支持等，促进地方企业加大研发投入和创新发展。中央经济工作会议明确提出，要以科技创新推动产业创新，特别是以颠覆性技术和前沿技术催生新产业、新模式、新动能，发展新质生产力。加快形成新质生产力，既是重要的战略机遇，也是推进中国式现代化建设的必然要求。因此，省以下税收分成制度的设计要能促进新质生产力培育发展，通过财政激励政府加大科技创新政策、财政金融政策等的支持力度，引导企业增加研发投入，将更多资源投入创新活动，最终促进地方技术进步。总的来看，税收分成激励直接影响企业的创新活动，建立科学合理的税收分成制度安排，应当将宏观财政体制改革和微观企业行为、短期经济增长和长期技术进步综合考虑进来，促进科技创新能力提升，发展新质生产力。

6.2.4 建立完善以"扁平化"为导向的省以下税收分成制度

进一步深化分税制改革，重点聚焦政府职能转变，合理划分各级政府间财政和支出关系，完善纵横向转移支付制度，探索建立财政三层级框架体系，推动建立财权和事权相匹配的现代化财税体制（贾康，2024）。例如，探索建立财政三层级框架体系，推动在市、县行政不同级情况下首先实现财政同级，对经济欠发达、财政收入规模小的乡镇，实行由县财政统一管理其财政收支的办法，对一般乡镇实行"乡财县管"方式。省以下财政体制改革不仅需要合理划分各级政府间的事权、财权、财力，更要综合考量不同税收分成比例设计对地方政府行为的影响及其效应。同时，应根据不同区域的实际情况，推行有差别的、相对合理的税收分成制度，健全科学明晰的省与市县收入划分体系，完善激励约束机制，促进地方政府治理体系和治理能力现代化。针对当前地方税主体税种缺乏、地方政府高度依赖共享税等问题，建议加快建立健全与分税制体制相适应的地方税体系，大力培育房地产税、资源税等地方税源体系。坚持以税种属性作为收入划分的基本依据，将税基较为稳定、地域属性明显的税收作为市县级收入或由市县级分享较高比例。例如，探索推动金融、电力、石油、铁路、高速公路等领域税费收入在相关地方政府间进行合理分配。

参考文献

白俊红，戴玮，2017.财政分权对地方政府科技投入的影响［J］.统计研究（3）：97–106.

卞元超，白俊红，2017.“为增长而竞争”与“为创新而竞争”：财政分权对技术创新影响的一种新解释［J］.财政研究（10）：43–53.

财政部预算司，2006.中国省以下财政体制［M］.北京：中国财政经济出版社.

陈思霞，许文立，张领祎，2017.财政压力与地方经济增长：来自中国所得税分享改革的政策试验［J］.财贸经济（4）：37–53.

陈诗一，陈登科，2018.雾霾污染、政府治理与经济高质量发展［J］.经济研究（2）：20–34.

储德银，等，2018.中国式分权与公共服务供给效率：线性抑或倒“U”［J］.经济学（季刊）（3）：1259–1288.

储德银，张鹭月，2023.财政压力、税收分成与公共支出结构偏向［J］.税收经济研究（2）：1–13.

储德银，迟淑娴，2020.财政纵向失衡对地方经济增长的非线性影响及其转换特征［J］.经济研究（11）：50–66.

陈硕，2010.分税制改革、地方财政自主权与公共品供给［J］.经济学（季刊）（4）：1427–1446.

陈硕，高琳，2012.央地关系：财政分权度量及作用机制再评估［J］.管理世界（6）：43–59.

陈晓光，2016.财政压力、税收征管与地区不平等［J］.中国社会科学（4）：53-71.

成前，李月，刘畅，2021.财政分权与空气污染：以“省直管县”改革为例的研究［J］.技术经济（3）：47-53.

曹志伟，吴伯钧，李竞超，2022.中国税收增长之谜：从征管权到收益权的再研究［J］.经济学家（3）：54-65.

曹书军，刘星，张婉君，2009.财政分权、地方政府竞争与上市公司实际税负［J］.世界经济（4）：69-83.

陈抗，HILLMAN A L，顾清扬，2002.财政集权与地方政府行为变化：从援助之手到攫取之手［J］.经济学（季刊）（1）：111-130.

范子英，李经，2021.“十四五”时期促进国内统一市场形成的财税改革思路［J］.税务研究（2）：5-11.

范子英，田彬彬，2013.税收竞争、税收执法与企业避税［J］.经济研究（9）：99-111.

范子英，张军，2009.财政分权与中国经济增长的效率：基于非期望产出模型的分析［J］.管理世界（7）：15-26.

范子英，赵仁杰，2020.财政职权、征税努力与企业税负［J］.经济研究（4）：101-117.

方红生，2009.中国式分权、内生的财政政策与宏观经济稳定：理论与实证［M］.上海：上海人民出版社.

方红生，鲁玮骏，苏云晴，2020.中国省以下政府间财政收入分配：理论与证据［J］.经济研究（4）：118-133.

方红生，张军，2014.财政集权的激励效应再评估：攫取之手还是援助之手［J］.管理世界（2）：21-31.

方红生，张军，2013.攫取之手、援助之手与中国税收超GDP增长［J］.经济研究（3）：108-121.

傅勇，2010.财政分权、政府治理与非经济性公共物品供给［J］.经济研究(8)：4-16.

傅勇，张晏，2007.中国式分权与财政支出结构偏向：为增长而竞争的代价［J］.管理世界(3)：4-22.

高培勇，2008.中国财税体制改革年研究［M］.北京：经济管理出版社.

郭庆旺，贾俊雪，2010.财政分权、政府组织结构与地方政府支出规模［J］.经济研究(11)：59-73.

龚锋，卢洪友，2009.公共支出结构、偏好匹配与财政分权［J］.管理世界(1)：10-21.

何凌云，马青山，2020.财政分权对城市创新的影响——基于地方政府竞争视角［J］.经济与管理研究(10)：134-144.

黄思明，王乔，2018.税收集权、工业企业规模与发展偏好：来自地级市税收分成调整的经验证据［J］.财政研究(5)：75-86.

黄寿峰，2017.财政分权对中国雾霾影响的研究［J］.世界经济(2)：127-152.

贾俊雪，郭庆旺，2008.政府间财政收支责任安排的地区经济增长效应［J］.经济研究(6)：37-49.

贾俊雪，张永杰，郭婧，2013.省直管县财政体制改革、县域经济增长与财政解困［J］.中国软科学(6)：22-30.

贾康，阎坤，2005.完善省以下财政体制改革的中长期思考［J］.管理世界(8)：33-37.

贾康，刘薇，2024.分税制改革三十年：回顾与展望［J］.地方财政研究(1)：4-32.

姜竹，岳筱蕾，2019.增值税分成模式创新：基于全面营改增后增值税分成效应的实证分析［J］.税务研究(7)：76-82.

蒋殿春，于洋，方森辉，2021.专利试点政策如何影响城市创新水平［J］.

南开经济研究(6): 33–37.

吕冰洋, 2009.政府间税收分权的配置选择和财政影响[J].经济研究(6): 16–27.

吕冰洋, 2014.现代政府间财政关系的构建[J].中国人民大学学报(5): 11–19.

吕冰洋, 陈志刚, 2021.政府间收入分成与财政收入预算偏离[J].金融研究(5): 20–39.

吕冰洋, 马光荣, 毛捷, 2016.分税与税率: 从政府到企业[J].经济研究(7): 13–28.

吕冰洋, 毛捷, 马光荣, 2018.分税与转移支付结构: 专项转移支付为什么越来越多[J].管理世界(4): 25–39.

吕冰洋, 马光荣, 胡深, 2021.蛋糕怎么分: 度量中国财政分权的核心指标[J].财贸经济(8): 20–36.

吕冰洋, 聂辉华, 2014.弹性分成: 分税制的契约与影响[J].经济理论与经济管理(7): 43–50.

吕冰洋, 台航, 2018.从财政包干到分税制: 发挥两个积极性[J].财贸经济(10): 17–29.

李香, 菊贺娜, 2019.税收激励有利于企业技术创新吗? [J].经济科学(1): 18–30.

李政, 杨思莹, 2018.财政分权、政府创新偏好与区域创新效率[J].管理世界(12): 29–44.

李琳, 周一成, 2018.财政分权对中国工业企业创新能力的影响研究[J].财贸研究(7): 81–90.

李林木, 汪冲, 2017.税费负担、创新能力与企业升级: 来自"新三板"挂牌公司的经验证据[J].经济研究(11): 119–134.

李建军, 吴懿, 2021.税收分成、财政激励与制造业企业活力: 来自"增值税分成”改革的证据［J］.财贸经济(9)：5-19.

李明，毛捷，杨志勇，2014.纵向竞争、税权配置与中国财政收入占比变化［J］.管理世界(5)：52-66.

李一花，刘蓓蓓，高焕洪，2014.基层财政分权测度与增长效应重估［J］.财贸经济(6)：25-36.

鲁玮骏，骆勤，2021.省以下财政分权、晋升竞争与环境质量：理论与证据［J］.财经论丛(1)：14-23.

楼继伟，2013.中国政府间财政关系再思考［M］. 北京：中国财政经济出版社.

罗长林，2018.合作、竞争与推诿：中央、省级和地方间财政事权配置研究［J］.经济研究(11)：32-48.

林海波，毛程连，2015.分权抑或集权——地方政府科技财政投入效果的比较［J］.公共财政研究(4)：34-40.

刘承礼，2011.中国式财政分权的解释逻辑：从理论述评到实践推演［J］.经济学家(7)：61-69.

刘尚希，石英华，武靖州，2018.公共风险视角下中央与地方财政事权划分研究［J］.改革(8)：15-24.

刘俸奇，张同斌，2020.财政收支结构变动、产业结构转型与环境质量改善［J］.财政研究(10)：57-33.

刘怡，刘维刚，2015.税收分享、征税努力与地方公共支出行为：基于全国县级面板数据的研究［J］.财贸经济(6)：32-44.

刘建民，王蓓，陈霞，2015.财政分权对环境污染的非线性效应研究：基于中国272个地级市面板数据的PSTR模型分析［J］.经济学动态(3)：82-89.

刘勇政，吕冰洋，李岩，2021.中国高投资率之谜：分税制的激励作用［J］.经济研究(3)：65-82.

刘小勇，2012.分税制、转移支付与地方政府财政努力［J］.南方经济（5）：38-53.

李政，杨思莹，2019.官员激励和政府创新偏好对工业创新效率的影响［J］.北京师范大学学报（社会科学版）（1）：135-146.

鲁桐，党印，2014.中国中小上市公司治理与绩效关系研究［J］.金融评论（4）：1-17.

罗明津，铁瑛，2021.企业金融化与劳动收入份额变动［J］.金融研究（8）：100-118.

马万里，2015.中国式财政分权：一个扩展的分析框架［J］.当代财经（3）：24-33.

马光荣，张凯强，吕冰洋，2019.分税与地方财政支出结构［J］.金融研究（8）：20-37.

毛捷，吕冰洋，陈佩霞，2018.分税的事实：度量中国县级财政分权的数据基础［J］.经济学（季刊）（2）：499-526.

毛捷，等，2022.融资平台债务与环境污染治理［J］.管理世界（10）：96-110.

牛富荣，贺冠勇，2020.税收分成能促进基本公共服务供给吗［J］.税收经济研究（4）：44-52.

邱国庆，杨志安，李静雯，2022.税收分成激励能促进区域技术创新吗？［J］.东北大学学报（社会科学版）（3）：42-50.

乔洪武，朱亚男，2019.税收分成激励能促进上市公司创新吗［J］.经济与管理评论（1）：83-94.

冉光和，徐鲲，鲁钊阳，2013.金融发展、FDI 对区域创新能力的影响［J］.科研管理（7）：45-52.

宋丽颖，张安钦，温军，2022.税收分成与经济发展方式转变：机制分析和经验证据［J］.财政研究（7）：3-15.

沈坤荣，付文林，2005.中国的财政分权制度与地区经济增长［J］.管理世界(1)：31-39.

台航，张凯强，孙瑞，2018.财政分权与企业创新激励［J］.经济科学(1)：52-68.

陶然，等，2009.地区竞争格局演变下的中国转轨：财政激励和发展模式反思［J］.经济研究(7)：21-33.

陶锋，赵锦瑜，周浩，2021.环境规制实现了绿色技术创新的“增量提质”吗：来自环保目标责任制的证据［J］.中国工业经济(2)：136-154.

田彬彬，范子英，2016.税收分成、税收努力与企业逃税：来自所得税分享改革的证据［J］.管理世界(12)：36-47.

田红宇，祝志勇，胡晓清，2019.财政分权、地方政府竞争与区域科技创新效率［J］.中国科技论坛(11)：103-112.

唐为，2019.分权、外部性与边界效应［J］.经济研究(3)：103-118.

吴敏，周黎安，石光，2023.中国县级政府税收分成的典型化事实：基于独特数据的测算与分析［J］.财贸经济(4)：5-20.

温忠麟，叶宝娟，2014.中介效应分析：方法和模型发展［J］.心理科学进展(5)：731-745.

汪彤，2022.从分税到分成：政府间税收划分的理论逻辑与实践逻辑［J］.中共中央党校(国家行政学院)学报(1)：78-86.

韦森，2017.中国经济增长的真实逻辑［M］.北京：中信出版集团.

王立勇，高玉胭，2018.财政分权与产业结构升级：来自“省直管县”准自然实验的经验证据［J］.财贸经济(11)：145-159.

王文甫，王召卿，郭柃沂，2020.财政分权与经济结构失衡［J］.经济研究(5)：49-65.

王凤，荣苗妙，2015.税收竞争、区域环境与资本跨区流动：基于企业异地并购视角的实证研究［J］.经济研究(2)：16-30.

席鹏辉，梁若冰，谢贞发，2017.税收分成调整、财政压力与工业污染［J］.世界经济(10)：170-192.

谢贞发，范子英，2015.中国式分税制、中央税收征管权集中与税收竞争［J］.经济研究(4)：92-106.

谢乔昕，宋良荣，2015.中国式分权、经济影响力与研发投入［J］.科学学研究(12)：1797-1804.

谢贞发，张佼雨，2021.税收分成激励与地方公共产品配置——基于省以下税收分成变化的实证检验［J］.财政研究(1)：57-73.

谢贞发，席鹏辉，黄思明，2016.中国式税收分成激励的产业效应：基于省以下增值税、营业税分成改革实践的研究［J］.财贸经济(6)：18-34.

谢贞发，朱恺容，李培，2019.税收分成、财政激励与城市土地配置［J］.经济研究(10)：53-73.

徐子尧，潘李靖，2021.税收分成如何影响企业创新：来自我国上市工业企业专利申请量的证据［J］.贵州财经大学学报(1)：44-51.

徐超，庞雨蒙，刘迪，2020.地方财政压力与政府支出效率：基于所得税分享改革的准自然实验分析［J］.经济研究(6)：138-154.

徐现祥，梁剑雄，2014.经济增长目标的策略性调整［J］.经济研究(1)：27-40.

许和连，王海成，2018.简政放权改革会改善企业出口绩效吗？——基于出口退(免)税审批权下放的准自然试验［J］.经济研究(3)：157-070.

宣烨，冯涛，孔凯歌，2017.创新价值链视角下的财政分权与创新效率——基于三阶段DEA与Tobit模型分析［J］.南京财经大学学报(1)：35-44.

薛婧，张梅青，2019.多渠道国际技术溢出对区域创新能力的空间效应研究［J］.经济经纬(2)：17-24.

薛钢，付梦媛，2022.税收分成、地方政府行为与全要素生产率：基于

273个地级市的检验［J］.经济问题探索（9）：75-86.

杨其静，高雄伟，2021.财政联邦主义与财政分权指标：基于合约理论视角的再审视［J］.中国人民大学学报（1）：66-80.

杨其静，聂辉华，2008.保护市场的联邦主义及其批判［J］.经济研究（3）：99-114.

杨志安，吕程，2021.财政分权视角下中国经济发展质量效应［J］.华东经济管理（6）：69-78.

杨志安，邱国庆，2019.中国式财政分权与科技创新驱动发展：线性抑或倒“U”［J］.华东经济管理（1）：5-10.

杨志勇，2016.中央和地方事权划分思路的转变：历史与比较的视角［J］.财政研究（9）：2-10.

于洋，方森辉，2023.科技政策、企业自主创新与创新决策［J］.科学学与科学技术管理（7）：75-90.

于洋，王宇，2021.知识产权保护与企业创新活动——基于A股上市公司创新“量”和“质”的研究［J］.软科学（9）：47-67.

余新创，2020.中国制造业企业增值税税负粘性研究——基于A股上市公司的实证分析［J］.中央财经大学学报（2）：18-28.

余泳泽，王岳龙，李启航，2020.财政自主权、财政支出结构与全要素生产率——来自230个地级市的检验［J］.金融研究（1）：28-46.

詹新宇，王悦，红刘琦，2022.宏观税负对城市经济韧性的影响——基于282个地级市的实证研究［J］.公共财政研究（6）：28-42.

詹新宇，刘文彬，2021.税收分成对经济增长目标管理的激励效应［J］.税务研究（4）：128-133.

詹新宇，刘文彬，2020.中国式财政分权与地方经济增长目标管理：来自省、市政府工作报告的经验证据［J］.管理世界（3）：23-40.

张宇，2013.财政分权与政府财政支出结构偏异：中国政府为何偏好生产性支出［J］.南开经济研究（3）：35–50.

张克中，王娟，崔小勇，2011.财政分权与环境污染：碳排放的视角［J］.中国工业经济（10）：65–75.

张立承，2011.省对下财政体制研究［M］.北京：经济科学出版社.

张五常，2009.中国的经济制度［M］.北京：中信出版社.

张晏，龚六堂，2005.分税制改革、财政分权与中国经济增长［J］.经济学（季刊）（1）：75–107.

张希，罗能生，彭郁，2014.税收安排与区域创新——基于中国省际面板数据的实证研究［J］.经济地理（9）：33–39.

张孝蔚，张婷婷，曹春方，2022.税收分成下的企业集团异地发展［J］.财经研究（6）：140–154.

朱军，许志伟，2018.财政分权、地区间竞争与中国经济波动［J］.经济研究（1）：21–34.

赵永辉，付文林，冀云阳，2019.分成激励、预算约束与地方政府征税行为［J］.经济学（季刊）（10）：1–31.

周飞舟，2006.分税制十年：制度及其影响［J］.中国社会科学（6）：100–116.

周克清，李霞，2023.税收分成变化对环境污染的影响效应研究［J］.税务与经济（5）：9–17.

周克清，刘海二，吴碧英，2011.财政分权对地方科技投入的影响研究［J］.财贸经济（10）：31–37.

周雁南，雷根强，2021.税收分成对区域资源配置效率的影响［J］.税务研究（8）：113–119.

周业安，章泉，2008.财政分权、经济增长和波动［J］.管理世界（3）：6–16.

周黎安，2008.中国地方政府公共服务的差异：一个理论假说及其证据

［J］.新余高专学报(4)：5-6.

周黎安，2014.行政发包制［J］.社会(6)：1-38.

周黎安，王凯，2005.企业规模与创新：来自中国省级水平的经验证据［J］.经济学(季刊)(3)：623-638.

周黎安，吴敏，2015.省以下多级政府间的税收分成：特征事实与解释［J］.金融研究(4)：64-80.

周黎安，2017.转型中的地方政府：官员激励与治理：第2版［M］.上海：格致出版社，上海三联书店，上海人民出版社.

朱恺容，2019.税收分成、工业增长与地方政府工业用地配置行为研究［D］.厦门：厦门大学.

祝继高，岳衡，饶品贵，2020.地方政府财政压力与银行信贷资源配置效率——基于我国城市商业银行的研究证据［J］.金融研究(1)：88-109.

ACEMOGLU D，ROBINSON J A，THAICHAROEN Y Y，et al.，2003. Institutional causes，macroeconomic symptoms：volatility，crises and growth［J］. Journal of monetary economics，50（1）：49-123.

AGHION P，AKCIGIT U，BERGEAUD A，et al.，2019. Innovation and top income inequality［J］. The review of economic studies（1）：1-45.

ADES ALBERTO F，GLAESER EDWARD L，1995. Trade and circuses：explaining urban giants［J］.Quarterly journal of economics，110（1）：195-227.

AKAI N，SAKATA M，2002. Fiscal decentralization contributes to economic growth：evidence from state-level cross-section data for the United States［J］. Journal of urban economics，52（1）：93-108.

ALCHIAN A.，DEMSETZ H，1972. Production，information costs，and economic organization［J］.American economic review，62：777-795.

ALESINA，PEROTTI R.，SPOLAORE E，1995. Togetheror separately? Issues on the costs and benefits of political and fiscal unions［J］. European economic review, 39 (3–4): 751–758.

ALESINA, SPOLAORE E, 1997. On the number and size of nations [J]. Quarterly journal of economics, 119: 613–646.

ARELLANO M., BOND S, 1991. Some tests of specification for panel data: monte carlo evidence and an application to employment equations [J]. Review of economic studies, 58: 277–297.

ARZAGHI M, HENDERSON J V, 2005. Why countries are fiscally decentralizing [J]. Journal of public economics, 89 (7): 1157–1189.

BAHL R, LINN J, 1994. Fiscal Decentralization and Intergovernmental transfers in less developed countries [J]. The journal of federalism, 24 (1): 1–19.

BAHL R, LINN J, 1992. Urban public finance in developing countries [M]. Oxford: Oxford University Press.

BAHL R, NATH S, 1986. Public expenditure decentralization in developing economies [J] .Environment and planning C: government and policy, 4: 405–418.

BAI C E., DU Y, TAO&S Z, 2004.Tong, Local Protectionism and Regional Specialization: Evidence from China's Industries [J]. Journal of international economics, 63 (2): 397–417.

BARDHAN P, MOOKHERJEE D, 2005. Decentralizing antipoverty program delivery in developing countries [J]. Journal of public economics, 89: 675–704.

BARON R M, KENNY D A, 1986. The moderator–mediator variable distinction in social psychological research: conceptual, strategic and statistical considerations [J] .Journal of personality and social psychology, 51 (6): 1173–1198.

BARON R M, KENNY D A, 1986.The moderator–mediator variable distinction in social psychological research: conceptual strategic and statistical considerations [J] . Journal of personality and social psychology, 51 (6): 1173.

BERKOWITZ D, LI W, 2000. Tax rights in transition economies: a tragedy of the commons [J] . Journal of public economics, 76 (3): 369–397.

BODMAN P, HODGE A, 2010.What drives fiscal decentralization? Further assessing the role of Income [J] .Fiscal studies, 31 (3): 373–404.

CAI H D. TREISMAN, 2005.Does competition for capital discipline governments? Decentralization, Globalization and public policy [J] .American economic review, 95 (3): 817–830.

CAI H, TREISMAN D, 2006. Did govermment decentralization cause China's economic miracle [J] . World politics, 58: 505–535.

CHEN C, 2004.Fiscal decentralization, collusion and government size in China's transitional economy [J] .Applied economics letters, 11: 699–705.

CHEN X S, 2017.Effect of fiscal squeeze on tax enforcement: evidence from a natural experiment in China [J] . Journal of public economics, 147 (1): 62–76.

CLAESSENS S, LAEVEN L, 2003. Financial development, property rights, and growth [J] .Journal of Finance, 58 (6): 2401–2436.

CRAWFORD, 2008. Decentralization and the limits to poverty reduction findings from Ghana [J] . Oxford Development Studies, 36 (3) : 235–258.

DAVOODI H, ZOU H, 1998.Fiscal decentralization and economic growth: a cross–county study [J] .Journal of urban economics, 43: 244–257.

DEAN J M, LOVELY M E, WANG H, 2009. Are foreign investors attracted to weak environmental regulations? Evaluating the evidence from China [J] . Journal of development economics, 90 (1) .

FELTENSTEIN A, IWATA S, 2005.Decentralization and macroeconomic performance in China: regional autonomy has its costs [J] . Journal of development economics, 76 (2): 481–501.

FRASCHINI A, 2006. Fiscal federalism in big developing countries: China and India [J] . Department of public policy and public choice-POLIS: 66.

HAN L, KUNG J K, 2015. Fiscal incentives and policy choices of local governments: evidence from China [J].Journal of development economics, 116 (C): 89-104.

JIN H, QIAN Y, WEINGAST B R., 2005.Regional decentralization and fiscal incentives: federalism, Chinese style [J] .Journal of pubilc economics, 89 (9/10): 1719-1742.

KRUEGER A, 1974.The political economy of the rent-seeking society [J] . American economic review, 64 (3): 291-303.

KUNG J K, XU C, ZHOU F, 2013. From industrialization to urbanization: the social consequences of changing fiscal incentives on local governments' behavior [M] //Joseph E S. Institutional design for China's evolving market economy. New York: Oxford University Press.

LEE C Y, 2011. The differential effects of public R&D support on firm R&D: theory and evidence from multi-country data [J] . Technovation, 31 (5): 256-269.

LIN J Y, LIU Z, 2000.Fiscal decentralization and economic growth in China [J]. Eonomic development and cultural change, 49 (1): 1-21.

LIU Y Z, MARTINEZ-VAZQUEZ J, WU A M, 2017.Fiscal decentralization, equalization, and intra-provincial inequality in China [J] .International tax public finance, 24: 248-281.

LU Y, YU L H, 2015. Trade liberalization and markup dispersion: evidence from China's WTO accession [J] .American economic journal: applied economics, 7 (4): 221-253.

MANUEL A, BOND S, 1991. Some tests of specification for panel data.

Monte carlo evidence and an application to employment equations [J] .Review of economic studies, 58 (2): 277–297.

MIGUEL E, SATYANATH S, 2011.Re–examining economic shocks and civil conflict: dataset [J] .American economic journal: applied economics, 10: 228–232.

MONTINOLA G., QIAN Y, WEINGAST B R, 1995.Federalism, Chinese style: the political basis for economic success in China [J].World politics, 48 (1): 50–81.

OATES, W. E. , 1972, Fiscal federalism , Harcourt brace jovanovich.

PANIZZA U. 1999.On the determinants of fiscal centralization: theory and evidence [J] .Journal of public economics, 74: 97–139.

QIAN Y, ROLAND G, 1998. Federalism and the soft vudget constraint [J] . American economic review, 88 (5): 1143–1162.

QIAN Y., ROLAND G, XU C, 1999.Why is China different from eastern Europe? Perspectives from qrganization theory [J] . European economic review, 43 (4–6): 1085–1094.

QIAN Y, WEINGAST B R, 1995. Federalism as a commitment to preserving marketIncentives [J] . Journal of economic perspectives, 11 (4): 83–92.

QIAN Y, XU C, 1993.Why China's economic reforms differ: the M–Form Hierarchy and entry/expansion of the non–state Sector [J] .Economics of Transition, 1 (2): 135–170.

RODRIK D, 1998. Why do more open economies have bigger governments? [J] . Journal of political economy, 106: 997–1032.

RODDEN J, ROSE–ACKEMAN S, 1997.Does federalism preserve markets? [J] .Virginia law review, 83 (7): 1521–1572.

SACCHI A, SALOTTI S, 2014. How regional inequality affects fiscal decentralization: accounting for the autonomy of sub-central governments [J] . Environment and planning C: government and policy, 32 (1): 144–162.

SACCHI A., SALOTTI S, 2014. The effects of fiscal decentralization on household income inequality: some empirical evidence [J] . Spatial economic analysis, 24 (3): 202–222.

SHLEIFER A, 2000. Inefficient markets: an introduction to behavioral finance [M] . Oxford: Oxford University Press.

SIDDIQUE M, WIBOWO H, WU Y, 2014. Fiscal decentralisation and inequality in indonesia: 1999–2008 [J] . NBER working papers.

SINGH NIRVIKAR, 2007. Fiscal decentralization in China and India: competitive, cooperative or market preserving federalism? [J] . NBER working paper.

SLEMROD J, YITZHAKI S, 2002.Tax avoidance, evasion and administration [J] .In Handbook of public economics, 3: 1423–1470.

SLEMROD J, 2007. Cheating Ourselves: the economics of tax evasion [J] . Journal of economic perspectives, 21: 25–48.

SONG Z, STORESLETTEN K, ZILIBOTTI F, 2011. Growing like China [J] . American economic review, 101: 202–241.

STOCK J H, 2014. Introduction to econometrics, third edition [M] . People's Republic of China: People's University Publication House.

STEGARESCU D, 2005. Public sector decentralisation: measurement concepts and recent international trends [J] . Fiscal studies, 26 (3): 301–333.

SYLWESTER K, 2000. A model of public education and income inequality [J]. NBER working paper.

TREISMAN D, 2007.The architecture of government: rethinking political decentralization [M]. New York: Cambridge University Press.

TIEBOUT C M，1956. A Pure theory of local expenditures［J］.Journal of political economy，64（5）：416–424.

WALLER C，VERDIER T，GARDENER R，2002. Corruption：top down or bottom up？［J］.Economic inquiry，40（4）：688–703.

WEINGAST B R，2009. Second generation fiscal federalism：the implications of fiscal incentives［J］. Journal of urban economics，65（3）：279–293.

WEINGAST B R，2005. Second generation fiscal federalism：the implication of fiscal incentives［J］.Journal of urban economics，65（3）：279–293.

WEINGAST B R，1995. The economic role of political Institutions：market–preserving federalism and economic development［J］.Journal of law economic & organization.11（1）：1–31.

XU C G，2011.The fundamental institutions of China's Reforms and development［J］.Journal of economic literature，49（4）：1076–1151.

ZHANG T，ZOU H，1998. Fiscal decentralization，public spending and economic growth in China［J］. Journal of public economics，67（2）：221–240.

